\ 避難所に行かない /

防災の教科書

被災体験で分かった!
2週間の自宅避難を乗り切る技術

西野弘章

爆弾台風、そして長期の停電・断水……
逃げない防災
2週間の体験
地震、台風、洪水、土砂崩れ……。
近年、規模の大きな災害が
急増している日本では、
誰もが防災の意識を
持つことが
不可欠になっている
でも、その瞬間が
来るまで、
どこか他人ごとだった
気がする……

2019年9月8日……
その日は、昼過ぎからすでに雨と風が強くなりはじめていた……
今度の台風千葉県を直撃じゃないか!
……引き続き、強い風に注意してください……
台風15号
(08日22時推定)
非常に強い
中心気圧＝955hPa
最大風速＝45m/s
最大瞬間風速＝60m/s
伊豆大島 南南西約50km
進路＝北 20km/h
09日(月)21時
09日(月)15時
09日(月)09時
09日(月)03時
暴風
強風
なんだか心配だわ……
う〜ん。まあ、家まで飛ぶことはないから大丈夫だろ
そうね〜。でも、戸締まりはちゃんとしておかなきゃね

しかし、その夜
地震のような大きな揺れが
ひと晩中続くことに……
ドドドドドド
ビュッ!
ゴゴゴゴ….
観測史上最大級の爆弾台風が、
私たちが暮らす千葉県南部を
直撃したのだ!
プチン
あっ、停電した!
この揺れ、いつまで続くの? 怖いわ……
バタン
我が家は、かなり丈夫に造ったつもりだったが、いつ木っ端みじんになってもおかしくないほどの異常な揺れ方だ
バラバラ
ビシッ!
正直、これまでの人生で、最大級の恐怖を感じた……

パッ
こんなとき、手元にライト類があると心強い
情報はテレビやラジオよりネットやSNSのほうが早いわね！
実際、おなじ境遇の人間が情報を共有するなら、いまやスマートフォン一択だろう
・・・
しかし、得られる情報は家の屋根が飛んだり電柱が折れるなど、すさまじい内容ばかり
バタン
バタン
我々は何もできずに時間だけが過ぎていく……
結局、激しい台風の揺れは明け方近くまで続き一睡もできなかった……
ゴゴゴゴ・・・・
ビュッ！

その翌朝、
私たちが暮らす町は
変わり果てていた……
千葉県だけでも被害に遭った住宅は7万戸以上、約2，000本の電柱が倒壊・損傷し、64万戸が停電になったという……

全半壊した家のほか、とくに築年の古い家はことごとく屋根瓦が吹き飛び雨漏りを防ぐためにシートで覆う応急処置が必要になってしまった……
見た目だけでも半分以上の家がシートで覆われている

かろうじて我が家は無事だったが……
あらかじめ地震や台風を想定してシンプルな間取りにしたことや
平屋に近い「1.5 階」の背の低い家にしたこと
木造ながらも強度に優れた構法を採用したこと
構造を補強する金物を多めに入れたこと
雨戸のない窓や天窓に板を張って補強したこと
そして、ハリケーンが多発するアメリカでも信頼されている材料で屋根を仕上げたこと
これらの相乗効果で今回の強烈な台風を耐えられたのかもしれない……

そしてこの日から、2週間の停電と断水が続くことになる
いきなりの試練は灼熱の暑さだった……
ふら…
日中の気温は38℃を超え、夜も30℃の熱帯夜。停電でエアコンが使えないと室内で熱中症になるレベルだ
自宅が損壊しなくてもエアコンやトイレなどが使えないため、避難所に行く人もいた
避難所開設中
ところが避難所も停電で、しかもプライバシーが確保されないので相当なストレスだったという……
過去の災害で、長期の避難生活を送った方々には、本当に頭が下がる思いだ
こうした状況ではライフラインの備蓄を含めた災害に強い自宅に避難する「逃げない防災」がやっぱり理想だろう……

今回の災害は暑い時期だったが
避難時の体調を維持する意味でも
「暑さ寒さ対策」は大切だ
とくに高齢者や幼児、ペットのいる家庭では、エアコンなどが使えないのはとてもつらい……
そのためにも絶対に備えておきたいのが「非常用電源」
情報を得るためのスマートフォンの充電はもちろん
パワーのある発電機やポータブル電源なら電化製品も使える
冷蔵庫だってOKだ
ひゅ〜…
Panasonic
ただ、非常用電源は100Vだから
200Vの大型エアコンは使えない。
さいわい、ウチには100Vタイプのエアコンが
あったから、今回はとても役立った

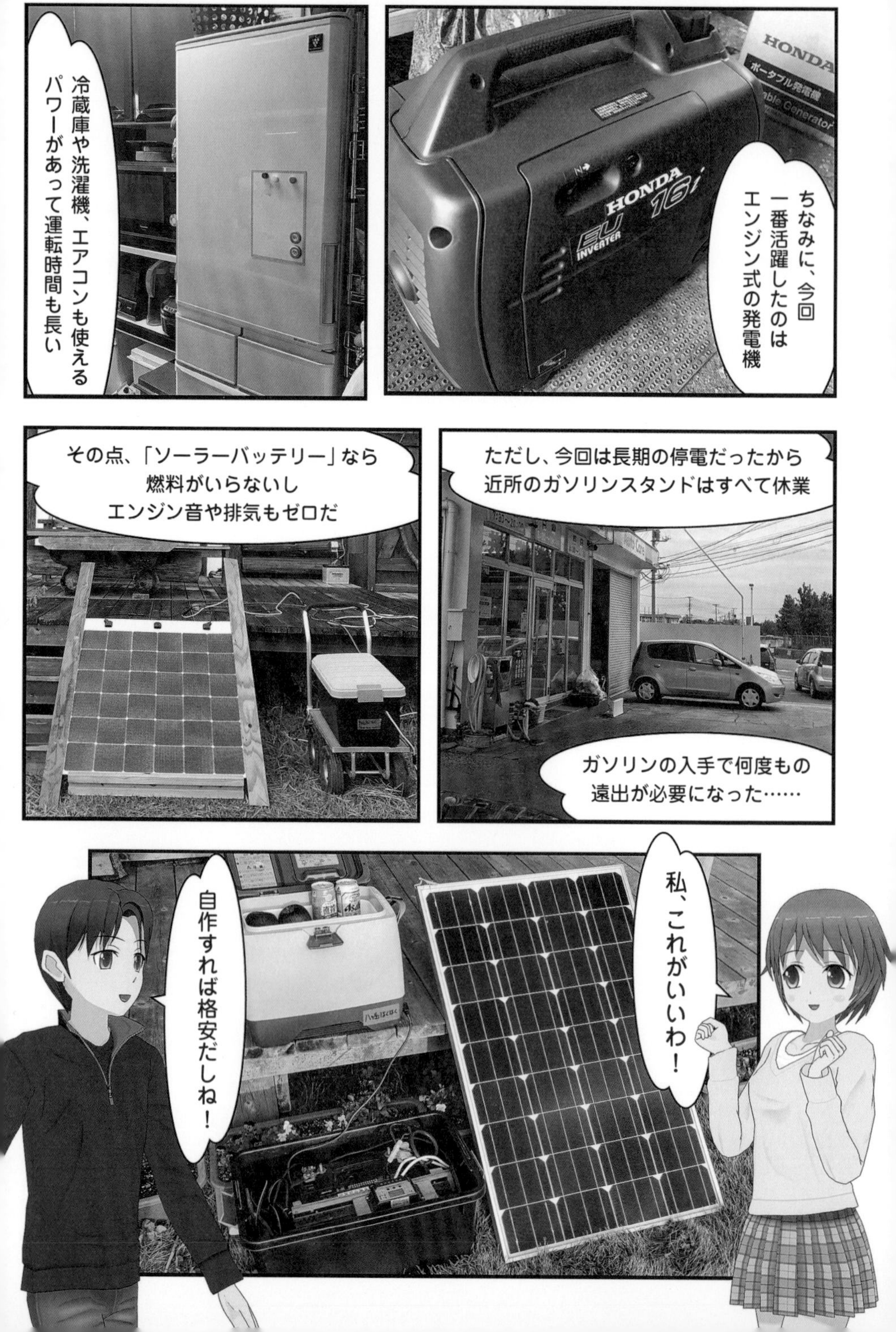
ちなみに、今回一番活躍したのはエンジン式の発電機
HONDA
ポータブル発電機
冷蔵庫や洗濯機、エアコンも使えるパワーがあって運転時間も長い
ただし、今回は長期の停電だったから近所のガソリンスタンドはすべて休業
ガソリンの入手で何度もの遠出が必要になった……
その点、「ソーラーバッテリー」なら燃料がいらないしエンジン音や排気もゼロだ
私、これがいいわ！
自作すれば格安だしね！

それから最近の注目株が「ポータブル電源」だ
ジャーン!
値段が高いのが難点だけど発電機とソーラーバッテリーのメリットを兼ね備えている
騒音や排気ガスがないから室内にも置けるし
FlashFish
ソーラーパネルや自動車からも充電できるから、災害時には大活躍だ!
どの電源を選ぶにしても一度に使える電気の容量は限られているから、状況に応じて稼働する家電の優先順位を考えることが大切だ

カキーン!
たとえば今回の場合だと、暑さ対策で冷凍庫を駆使して、ペットボトルの水を大量に凍らせてご近所に配ったら、皆さん大喜びだった
プランターで育てた生野菜を冷やしてお届けしただけでもみんな感激してたわ！
それから、暑い時期でもさすがに毎日水風呂はつらかったから……
非常用電源と給湯器をつなげて温かいお風呂に入れたのはすごくうれしかった！
洗濯機は意外と電気を使うからほかの家電を使わないときに洗濯するのが正解だ
あと、電子レンジや炊飯器もすごく電気を使うから
Panasonic
日頃からカセットコンロとお鍋でご飯を炊く練習をしておくといいかも

今回は停電しただけでなく、断水になったのもきつかった。とくに、料理は大変だったね
うん。でも水の配給は結構あったし、洗い物を少なくする工夫をすればなんとかなるって感じかな
ポッ
今回思ったけど、食事に関していえば栄養より食べやすさを重視して備蓄すべきだね
ボンカレー
ゴールド
チキンカツカレー
とん汁
金のだし
あおさ
とくに高齢者や小さい子供には、普段から食べ慣れているものがいい
もちろん、ペットの食事も、まったく同じだ
それと今回、飲料水や食料は被災後3日目ぐらいに救援物資として大量に提供されたけど、
evian
天然水
Natural Mineral Water
都市部の人が多いエリアではすぐに全員に行き渡るかどうか？最低1週間分の備蓄をするのが、逃げない防災では必要だろう

断水中に困ったのは
やっぱりトイレかな
くみ置きの水を
毎回流すのって
結構大変だったから
非常用のトイレは
用意したほうが
いいと思う……
WOTA
シャワー営業中
断水中は、ボランティアや
自衛隊が仮設してくれたシャワーや
お風呂もうれしかったわ！
docomo
あと、インフラ関係だと
携帯電話の移動基地局車が
すぐに来てくれたのが助かった
NTT
認証
UNI
光回線
電源
GE-ONU
停電していても非常用電源から
モデムとルーターに電気を送れば、
インターネットが使えたからね
facebook
アカウントを忘れた場合
台風15号・小型発電機お届けプロジェクト
@awaotodoke
ホーム
投稿
レビュー
写真
基本データ
コミュニティ
ページを作成
いいね！
シェア
編集を提案
メッセージを送る
投稿
台風15号・小型発電機お届けプロジェクト
2019年9月17日
《facebookお友だちのみなさんにお願いです‼》
〜小型発電機お届けプロジェクト〜
昨日(9月13日)、東電から今回の停電の全域復旧までにあと2週間かかる...という予定が出されました。... もっと見る
コミュニティ
275人が「いいね！」しました
278人がフォローしています
基本データ
インターネットといえば、今回の大発見は
何といっても「SNS」の威力だ！

我が家も被災してからの日々を
SNSで更新していたら
多くの人たちが
救援物資持参で駆けつけてくれた
知り合いの女性が
SNSで非常用電源
を要請したところ
たくさんの義援金や
非常用電源が寄せられたという
いまからでも遅くはないから、
SNSは絶対にやっておくべきだと思う
自分たちが暮らす家が
崩壊してしまったら、それらはほとんど
無意味になってしまうからだ
そして痛感したのは、
家族を守ってくれる
「家」のありがたみだった
どんなに食料や生活用品を備蓄したり
ライフラインを自給自足しても

大災害が発生すると
家を修理するにしても、
職人さんが来てくれるまでは
数カ月以上かかるから、
DIYでできる範囲で、
「逃げなくてもいい家」を守る
ノウハウも覚えておくべき……
そうすることによって
たとえば高齢者や幼い子供、
ペットと暮らしていて
避難所に行くのが
難しいケースでも
「自宅避難」を選択することで
ストレスのない暮らしを送ることができる
END
今回のような大型台風、
そして、いつ起きてもおかしくない
大地震、洪水、土砂災害……
災害大国である日本に暮らす限り、
つねに防災の意識を持つことは
絶対に必要だと思う

被災体験で学んだ知恵のいろいろ

【重要度=★★★】

逃げなくてもいい「立地」に暮らす

➡ 28 ページ

【重要度=★★★】

自宅の修理時には必ず「写真撮影」を！

万一、災害で自宅が損傷したり浸水してしまったら、修復をする前に必ず写真を撮っておきましょう。これが、後に罹災（りさい）証明や保険金を請求するときの重要な証拠となります。

➡ 114 ページ、141 ページ

【重要度=★】

「養生テープ」だけでは窓ガラスは守れない

千葉県に2つの大型台風が通過した前後、養生テープを窓ガラスに貼る防災テクニックが大流行しました。しかし、この方法はガラス割れ防止には役立ちませんし、飛散防止の効果も専用のフィルムには及びません。やっぱり、窓を合板などでしっかり養生するのが確実です。

➡ 35 ページ

【重要度=★★】

災害時に大活躍の「コンポストトイレ」は自作も可能

➡ 91 ページ

【重要度=★★】

「ペット」の防災を考える

いまやペットは家族の立派な一員です。しかし、避難所にペットが入れないケースが多いため、自宅避難のための備蓄や対策をしておきましょう。

➡ 112 ページ

【重要度=★★★】

「非常用電源」は、一家に一台の時代がやってきた！

➡ 64 ページ

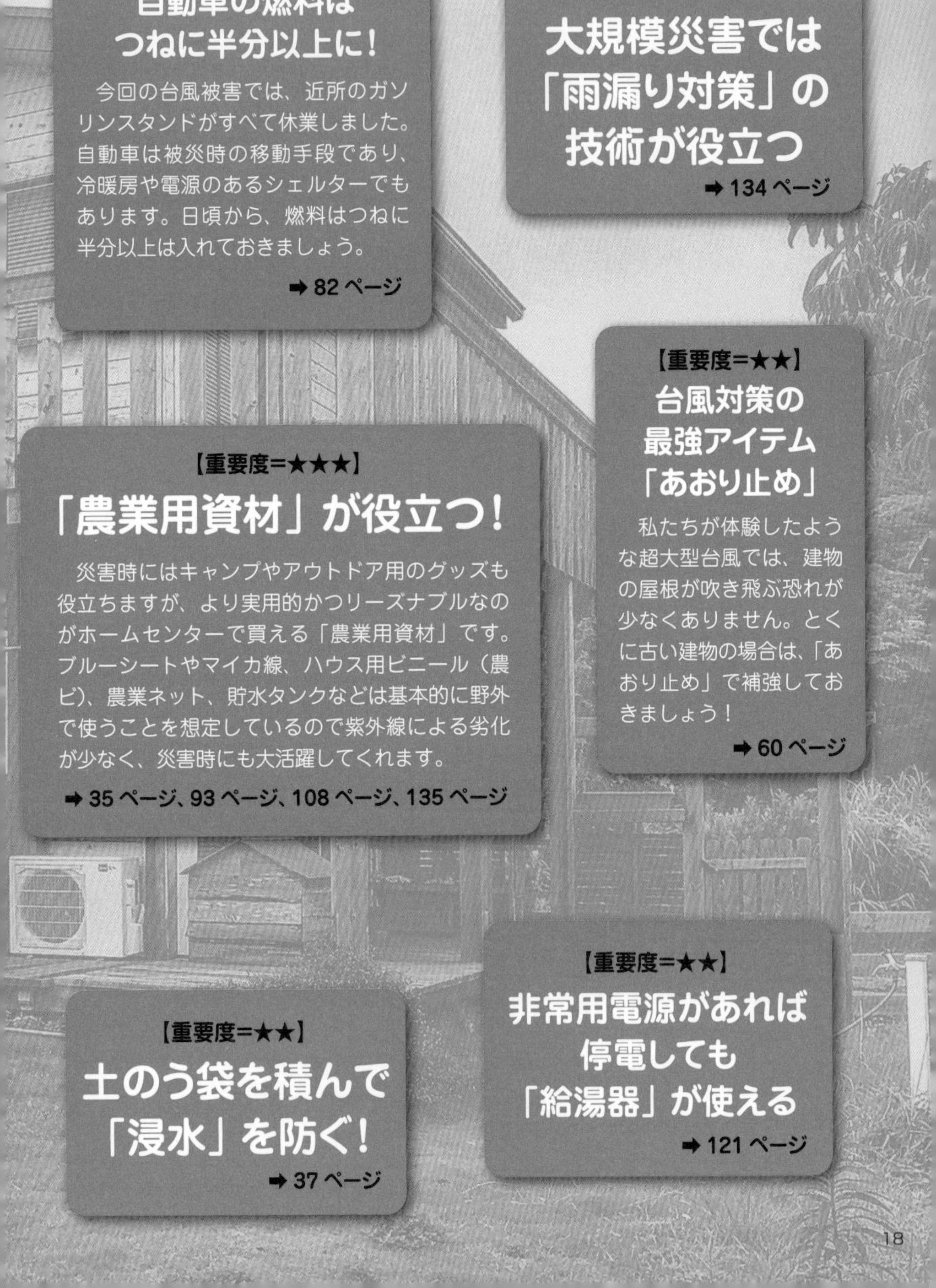

【重要度=★★】

自動車の燃料はつねに半分以上に！

今回の台風被害では、近所のガソリンスタンドがすべて休業しました。自動車は被災時の移動手段であり、冷暖房や電源のあるシェルターでもあります。日頃から、燃料はつねに半分以上は入れておきましょう。

➡ 82 ページ

【重要度=★★★】

大規模災害では「雨漏り対策」の技術が役立つ

➡ 134 ページ

【重要度=★★★】

「農業用資材」が役立つ！

災害時にはキャンプやアウトドア用のグッズも役立ちますが、より実用的かつリーズナブルなのがホームセンターで買える「農業用資材」です。ブルーシートやマイカ線、ハウス用ビニール（農ビ）、農業ネット、貯水タンクなどは基本的に野外で使うことを想定しているので紫外線による劣化が少なく、災害時にも大活躍してくれます。

➡ 35 ページ、93 ページ、108 ページ、135 ページ

【重要度=★★】

台風対策の最強アイテム「あおり止め」

私たちが体験したような超大型台風では、建物の屋根が吹き飛ぶ恐れが少なくありません。とくに古い建物の場合は、「あおり止め」で補強しておきましょう！

➡ 60 ページ

【重要度=★★】

土のう袋を積んで「浸水」を防ぐ！

➡ 37 ページ

【重要度=★★】

非常用電源があれば停電しても「給湯器」が使える

➡ 121 ページ

【重要度=★★】

ママが「自宅避難」をしたい本当の理由

乳幼児のお母さんに話を聞くと、ほぼ全員が災害時でも「避難所には絶対行きたくない」という意見です。その理由は？　そして、その対策は？

➡ 110 ページ

【重要度=★★★】

「家具の固定」は必ずやっておく

➡ 41 ページ

【重要度=★】

電化製品には災害補償がある！

被災中、私のパソコンの調子が悪くなってしまってメーカーに修理に出したところ、なんと災害対応で無料修理してくれました！　調べてみると、一般家電メーカーでも無料対応してくれるところが少なくありません。修理時には、ぜひ確認してみましょう。

【重要度=★★】

「ベランダ発電所」なら３万円でできる！

➡ 72 ページ

【重要度=★★★】

職場や出先から歩いて帰る練習をする

たとえば職場で被災した場合、数日間はそこで待機するのが基本です。しかし、その職場が停電・断水しているとかなりのストレスとなります。職場での備蓄が尽きる前に、積極的に脱出することをお勧めします。そのためにも、平時に徒歩で帰宅する経験をしておくといいでしょう。

【重要度=★★★】

「ブルーシート」はUV対応タイプ4000番が理想

➡ 108 ページ、135 ページ

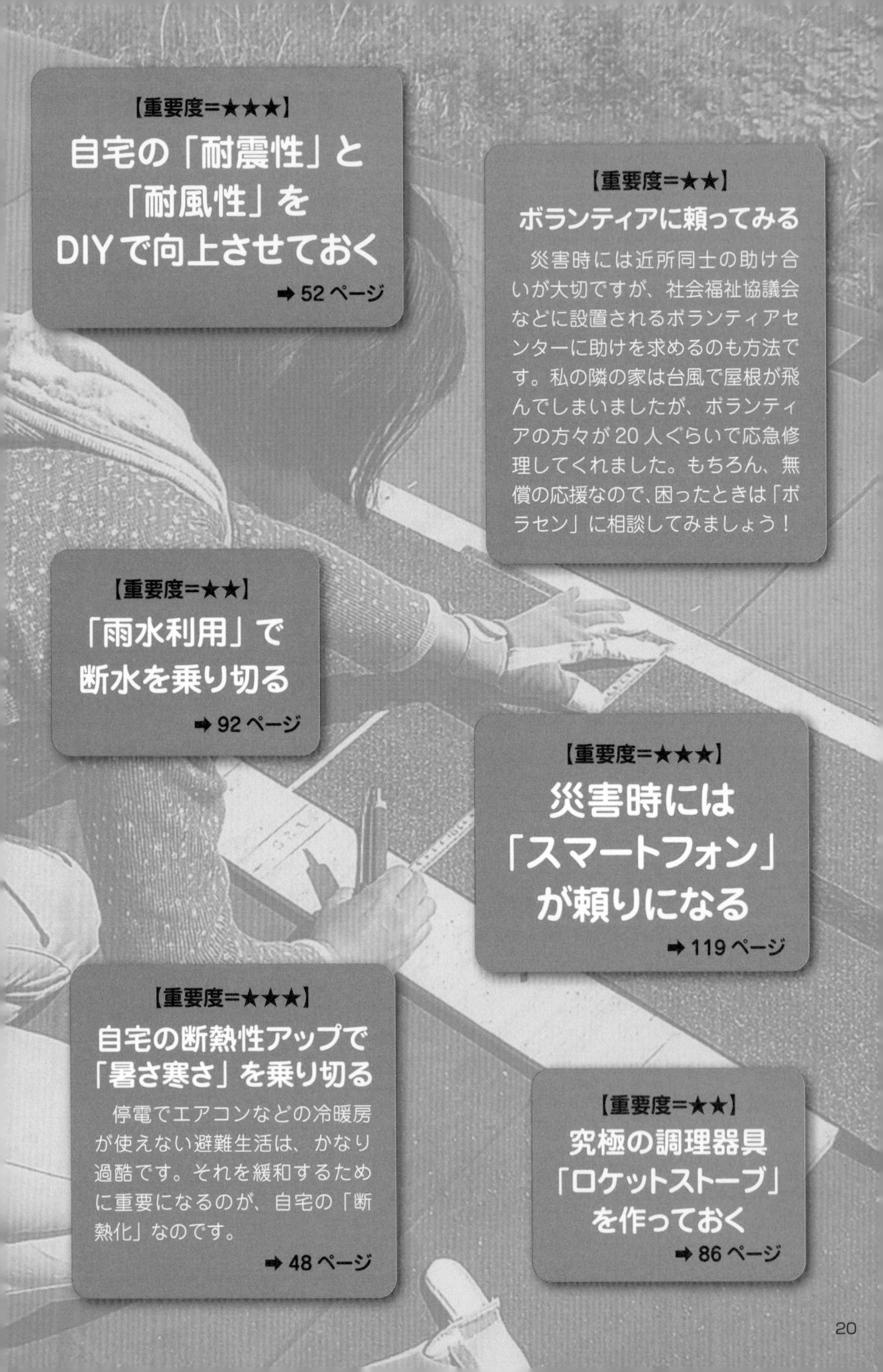

【重要度=★★★】

自宅の「耐震性」と「耐風性」をDIYで向上させておく

➡ 52ページ

【重要度=★★】

ボランティアに頼ってみる

災害時には近所同士の助け合いが大切ですが、社会福祉協議会などに設置されるボランティアセンターに助けを求めるのも方法です。私の隣の家は台風で屋根が飛んでしまいましたが、ボランティアの方々が20人ぐらいで応急修理してくれました。もちろん、無償の応援なので、困ったときは「ボラセン」に相談してみましょう！

【重要度=★★】

「雨水利用」で断水を乗り切る

➡ 92ページ

【重要度=★★★】

災害時には「スマートフォン」が頼りになる

➡ 119ページ

【重要度=★★★】

自宅の断熱性アップで「暑さ寒さ」を乗り切る

停電でエアコンなどの冷暖房が使えない避難生活は、かなり過酷です。それを緩和するために重要になるのが、自宅の「断熱化」なのです。

➡ 48ページ

【重要度=★★】

究極の調理器具「ロケットストーブ」を作っておく

➡ 86ページ

まえがき……「逃げなくてもいい防災」を考える

２０１９年9月8日深夜、東京湾を縦断した台風15号は、私たちが暮らす房総半島に甚大な被害をもたらしました。周囲の電柱はつぎつぎとなぎ倒され、ひと抱え以上もある太い樹木がエンピツのようにボキボキと折れる猛烈な風。自動車が横転するほどでしたから、もちろん建物も無事では済みません。近隣の家々では屋根やブロック塀などが吹き飛び、知人宅では隣の家から飛んできた屋根の瓦が窓ガラスを突き破り、寝室の枕元まで飛んできて命の危険を感じたそうです。

今回の台風では、最大瞬間風速58ｍの観測史上1位を記録。時速だと２００㎞超、新幹線にも匹敵するスピードです。体感では、震度4ぐらいの地震が息もつかせぬように数十分、数時間も続くイメージといえば、そのリアルな恐怖を想像していただけるでしょうか。木造住宅の我が家は、かなり丈夫に造っていたつもりですが、家全体がひと晩中ミシミシ、ガタガタと大きく揺れ続け、そのうち木っ端みじんになるのではないかと一睡もできませんでした。

結局、この台風による住宅被害は千葉県内だけでも7万戸超。約２,０００本の電柱が損壊し、64万戸が停電になりました。一部の地域では、1カ月以上停電が続いたところもあったようです。

ところで、たとえば１００年に一回レベルの超大型台風が接近しているとき、自分の家を離れて避難所に駆け込むことができるでしょうか。２０１８年の西日本豪雨では、特別警報の避難勧告が何度もアナウンスされていたにもかかわらず、実際に避難所に行った人は全体のわずか5％。２０１３年の京都の大雨特別警報で避難した人は1％だったそうです。

人は、なぜ逃げないのでしょう？　一説によると、「正常性バイアス」という人間にとって都合の悪い情報は無視するという特性からきているもののようです。実際、今回の千葉県の台風でも、正直、私を含めて多くの人が「大丈夫でしょ？」と甘く考えていて、台風前に避難した人はいませんでした。

その一方、私が暮らす地域では、避難所の収容能力が足りないという現実的な問題もありました。ましてや、都市部の人口過密エリアで避難者が殺到すれば、あっという間に避難所は定員オーバーになってしまうでしょう。２０１１年の東日本大震災では、40万人の方々が避難所で生活しました。そして、今後発生するといわれている南海トラフ地震では９５０万人もの避難者が想定されていて、避難所に入れる可能性は格段に低くなってしまうのです。

運よく避難所に入れても、停電が続いていれば冷暖房はなく、堅い床に直接寝なければならないこともあります。もちろん、プライバシーが守られる保証はありません。そうした過酷な環境からのストレスで体調不良になり、とくに高齢者はそれが原因で亡くなる方も少なくないそうです。さらに2020年には、コロナ禍によって「三密」の典型である避難所へ行くこと自体がリスクになるという新たなハードルも考えなければならなくなりました。

もちろん、東日本大震災の津波の例のように、いち早く避難したおかげで助かった命は多いですし、洪水や土砂崩れの危険があるときも絶対に避難するべきです。それでも、災害が通り過ぎた後は、住み慣れた自分の家に帰りたくなるのが人間の本能なのかもしれません……。

そこで、これからの防災の新常識として、現在まさにクローズアップされているのが、「逃げない防災＝自宅避難」です。内閣府や人口の多い首都圏エリアの行政でも、前述の理由から自宅や職場などでの避難を推進する方向に舵を切り始めました。職場や学校などは行政の指導で災害時の対策も整えられつつありますので、さしあたっては自宅を災害に強い家にすることを目指してみませんか？　強烈な台風や大地震などでも「逃げなくていい家」に。

私が考える逃げなくてもいい家とは、「立地、強度、断熱＆調湿、日常対策、備蓄、ライフライン」を考慮した建物です。飲食料や生活用品の備蓄といった簡単なことから、家具の転倒防止、さらには建物の耐震化・耐風化、ライフラインの自給自足など、災害に備えて準備できることはたくさんあります。災害時には、正常性バイアスが想像以上の強さで人々の行動を制限することが判明していますが、安心な避難所としての自宅を確保できていれば、これ以上心強いものはありません。まずは、自分たちの身の安全を守ること。こうした「自助」のスタイルの確立が、地域でお互いに助け合う「共助」につながっていくのです。

もちろん、立地や状況によっては、すみやかな避難が大切なことは過去の災害からも明らかです。そうした逃げる避難のノウハウは、東京都が発行している冊子『東京防災』にくわしいので、ぜひ一読することをお勧めします。その一方、本書では「逃げなくてもいい防災」をテーマに、家族を必ず守ってくれる家をDIYで実現する方法、停電や断水などとうまくつきあいながらストレスなく避難生活を送るためのノウハウをご紹介したいと思います。

2020年8月　西野弘章

避難所に行かない防災の教科書……目次

第1章 DIYで災害に強い家にする

第2章 災害で役立つライフラインの自給自足

第3章 体験してわかった「備蓄」のノウハウ

第4章 災害後の2週間を生き延びる技術

第1章

DIYで災害に強い家にする

これからの時代の防災対策は「家族を守ってくれる家」を実現したうえでの「逃げない防災」が基本。この本が、その準備のために役立てばと思います

災害時でも「逃げなくていい家」の6つの条件とは？

逃げない自宅避難で、ストレスのない暮らしを！

　最初に結論を言ってしまえば、究極の防災とは「被災しない場所や家に暮らすこと」でしょう。会社や学校、出先などで被災することもありますが、安全に帰れる家があるだけで精神的にも身体的にも癒やされることは間違いありません。

　そのためには、避難所となる自宅が災害に強いことが必要不可欠です。しかし、実際に被災した私の体験上、それだけではダメです。**家は単なる要塞＝シェルターではなく、避難生活をストレスなく過ごすためのオアシスでもあるべき**だからです。停電で冷暖房が使えなくても、ある程度快適に過ごせる断熱性や調湿性が整っているべきですし、できれば最低限のライフラインもあってほしい……。そんな「逃げなくてもいい家」の条件を6つ挙げてみたいと思います。

1、災害に強い「立地」

　日本ではどこで暮らしていても、地震や台風をはじめとしてさまざまな災害に見舞われる恐れがあります。しかし、実際に災害に遭った場合、立地環境によって被害の大きさがかなり違ってきます。状況が許せば、できるだけ災害を最小限に食い止められる立地に住むのが理想でしょう。それが難しい場合は、ハザードマップなどで自宅や勤務地などの「危険度」を知ることが防災計画のスタートとなります。

2、大きな揺れや強風に耐えられる「家の強度」

　どんなに食料を備蓄していても、家が崩壊してケガをしたり命を落としてしまってはまったく無意味です。大地震や大型台風が来ても壊れない家に暮らすことは、防災の最重要課題でしょう。近年の家は「耐震性」や「耐風性」を考慮して建てられていますが、建築基準法が改定される前の古い家は災害に強いとは言えません。自宅の構造や傷み具合をチェックして、相応の耐震化・耐風化を施しておくのが安心です。

3、家を快適にする「断熱&調湿機能」

　災害によって長期の停電や断水になったとしても、家そのものがしっかり機能していれば、避難所よりもはるかにストレスの少ない暮らしを送れます。とくに重要な機能が「断熱性」と「調湿性」。これらに優れた家は、災害時に役立つだけでなく、普段の暮らしもウソのように快適です。DIYも可能なので、ぜひ検討してみましょう。

防災メモ　家を耐震化・耐風化する場合、自治体の補助金を受けられる場合が多いのでぜひ相談してみましょう。

《逃げなくてもいい家の条件》

優れた「家の強度」
災害に強い「立地」
万全な「日常対策」
優れた「断熱・調湿性」
「ライフライン」の自給自足
必要十分な「備蓄」

4、室内や屋外の「日常対策」

どんなに丈夫な家でも、地震で家具や冷蔵庫が倒れたり、台風で窓ガラスが割れるなどの被害があると、その後の暮らしの復旧が大幅に遅れてしまいます。日頃からの備えを万全にすることで、逃げなくていい家を実現しましょう。

5、飲食料や生活用品の「備蓄」

防災対策として、いまや常識となっている「備蓄」。しかし、特別なものを用意する必要はなく、日頃から食べ慣れている食料、使い慣れている生活用品を消費しつつ補充する「ローリングストック」なら手軽ですし、無駄もありません。自宅避難では、食事や暮らしを日常通りにできることが大切です。

6、「ライフライン」の自給自足

大規模な災害では、電気や水道などのライフラインが途絶します。場合によっては長期の停電や断水になることもあるので、非常用電源や生活用水の備蓄は重要です。DIYが得意な人なら、ライフラインの自作も可能です。

これらの6つを考慮した家なら、災害時でも自宅に避難するほうが安全かつ、ストレスの少ない暮らしを送れます。高齢者や幼いお子さん、ペットと同居している場合も自宅避難が現実的です。できることから始めてみましょう！

防災メモ 「ライフライン」は生活の生命線となる電気、ガス、上下水道、通信、交通などのシステムを指します。

ハザードマップで、自宅の「危険度」をチェックする

逃げなくてもいい「立地」に住む時代がやってきた！

日本では、地震の主な発生源となる活断層が全国各地に2,000カ所以上も存在しています。活断層が見つかっていない場所でも強い地震は発生するので、日本ではどこに住んでいようとも地震対策は絶対に避けて通れません。海沿いのエリアでは津波の危険もあります。また、台風は日本中どこでも通過する恐れがあり、それに伴う水害や土砂崩れも想定しなければなりません。しかし、立地環境と災害の種類によって被害の有無や程度は大きく異なりますし、災害に対する考え方や備えも変わってくるでしょう。

そこで、チェックしておきたいのが、国交省や自治体で公開している「ハザードマップ」です。これは、地震や洪水、高潮、津波、土砂崩れといった災害が発生したとき、被害が予想されるエリアや避難場所などが地図上に表示されたもの。人間の「何となくの感覚」ではなく、最新のデータを基にシミュレーションされたものなので、災害時の「危険度」をかなり具体的にイメージできます。ハザードマップの活用方法としては、以下の例があります。

❶**危険なエリアをチェック**……自宅はもちろん、勤務地や普段の生活でよく出かける場所、そこまでの移動ルートなどの危険度をよく確認しておきます。

❷**安全な場所のチェック**……危険な場所だけではなく、逆に安全な場所を知っておくことも避難時には重要です。

❸**避難方法をチェック**……自宅避難するとしても、勤務地や学校、出先から帰宅するルートを必ず確認しておきましょう。ハザードマップでは、災害発生時に通行規制がかかる可能性があるルートも調べることができます。

❹**災害の種類に応じた対策**……災害には地震や台風、洪水、土砂崩れなどさまざまな種類があるので、それらに応じた対応が必要です。地盤が固くて地震に強い場所でも、水害には弱いケースもあります。これらも、ハザードマップなら一目瞭然で知ることが可能です。

災害が急増している昨今、これから家を探したり新築するなら、災害が発生する可能性が極力少ない「立地」に住むべき時代になってきました。すでに自宅がある場合も、ただ闇雲に逃げるのではなく、ハザードマップで危険度を正しく理解して災害時に的確に行動できるようにしましょう。

防災メモ　ハザードマップは役所の窓口で配布されているほか、行政のウェブページでも閲覧できます。

《「ハザードマップ」の活用方法》

逃げない防災が理想ですが、災害の種類ごとの自宅とその立地の危険度によっては、逃げる判断が必要になることもあります。正しい判断のためにも、ハザードマップは必ずチェックしておきましょう。右図は国交省の「ハザードマップ・ポータルサイト（https://disaportal.gsi.go.jp/）」による、一都三県の洪水、土砂災害、津波のリスク情報の例です。実際に災害が発生したとき、どのように行動すればいいのかを想定し、それを家族で共有しておくことが大切です。

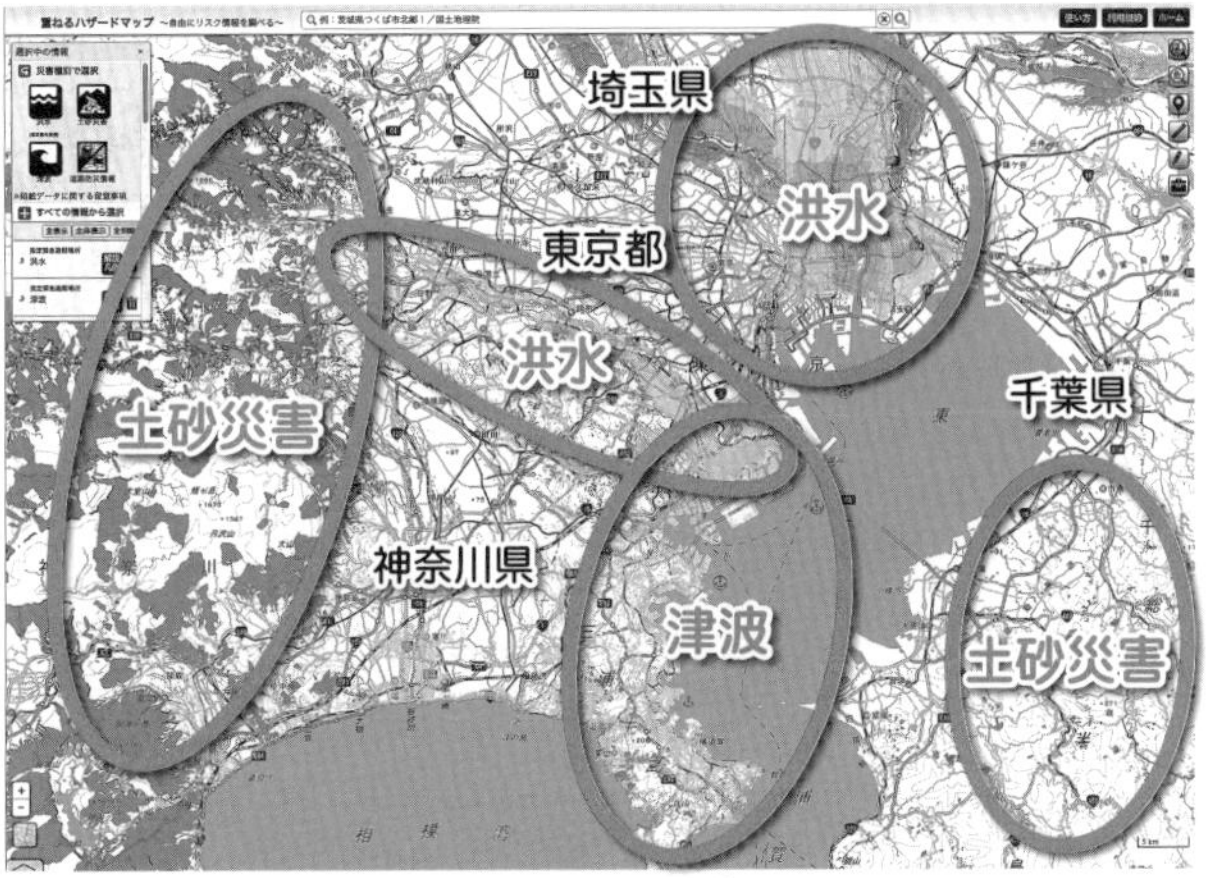

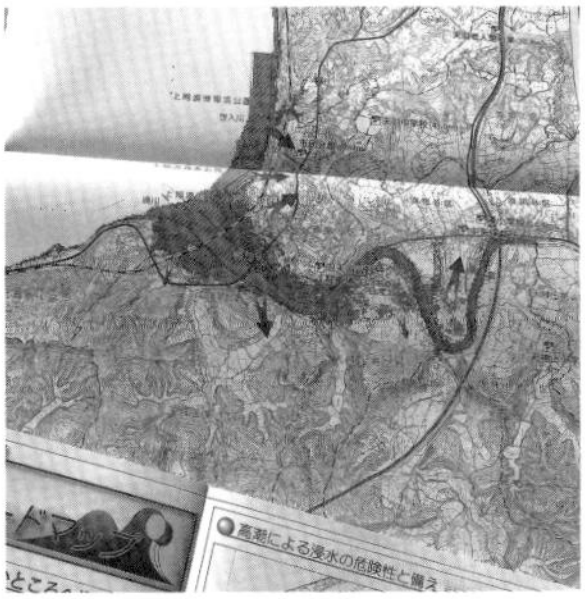

さらに詳細な情報は、各自治体が公開しているハザードマップが参考になります。たとえば地震の場合は、活断層の位置や液状化しやすいエリア、津波浸水や土砂災害が予想されるエリアなどの情報が記載されています。災害時にはインターネットが使えなくなる恐れが高いので、紙の資料を入手しておくといいでしょう。

ワンポイント・アドバイス

「災害の少ない立地」を探す

これから家を探したり新築する場合には、事情が許す限り災害が発生しにくい立地条件を選ぶべきです。

まず、洪水や津波に対しては、やはり「高台」が強いです。高台であれば過去に湿地だった可能性が低く、地盤が強いことも多いです。たとえば、東京なら武蔵野台地などは安全といわれています。ただし、高台といっても山の裾野や崖の近くだと土砂崩れや崖崩れの恐れがありますので、ハザードマップでチェックしましょう。さらに、周囲に強い風を遮る林などがあり、南向きで冬の日当たりがいいことなども好条件となります。

古くから災害に翻弄されてきた日本では、先人たちが遺してくれた教訓も少なくありません。たとえば水を表す「津」「洲」「沢」「川」などが地名に使われていれば、そこは海や川の近くだったり湿地帯だったと考えられ、過去に水害があった可能性があります。また、先人たちは津波や洪水の最高到達地点を石碑などで遺してくれてもいます。古い神社仏閣がある場所なら、過去に被害が少なかったと判断できますし、地域によっては代々伝わる言い伝えもあるでしょう。

家族のライフスタイルも考慮して、災害に強い立地を選びたいものです。

 防災メモ　ハザードマップには避難場所も明記されているので、そこに行くルートもチェックしておきましょう。

明日、起こるかもしれない災害別チェックリスト

いざ災害が発生したときのために、自宅や避難経路の危険性をあらかじめハザードマップで把握しておくことが大切です。また、それぞれの災害に対して、どれぐらい準備できているかも「逃げる、逃げない」の大きな判断材料となります。ここで挙げているチェックリストも活用して、日頃から災害に対する準備をしておきましょう。

神社仏閣がある場所は、比較的安全な場所である可能性が高い
浸水しにくい高台、頑丈な戸建てやマンションに住んでいれば、自宅避難がむしろ安全
自宅が河川や海の近くにある場合は、必ずハザードマップをチェックし、避難経路も確認しておく

津波

①ハザードマップの危険エリアか？
②近所に避難できる建物か高台はあるか？
③あらかじめ避難経路を決めているか？
④地震時の行動を家族で共有しているか？

地震

①近くに活断層はないか？
②地盤は頑丈か？
③自宅の耐震性能は十分か？
④津波・地滑りの心配はないか？

防災メモ　台風の予測は気象庁のほか、アメリカ海軍のJTWCのウェブサイトも参考になります。

洪水
①近くに川や堤防はないか？
②海抜が低いエリアか？
③上流にダムはないか？
④土のうやシートの準備はあるか？
台風
①自宅の耐風性能は十分か？
②屋根材は風に強いか？
③近くに川や堤防はないか？
④シート類などの準備はあるか？
河川の近くに家がある場合は、洪水や浸水警報をつねにチェックする
周囲に山や崖、沢などがある立地では、土砂崩れや地滑り、土石流に注意！
できれば災害は経験したくないが、自宅などの危険度を知ることで備えの方針も決まるはずだ
土砂崩れ
①近くに崖や山はないか？
②ハザードマップの危険エリアか？
③雨が降ると流れができやすい地形か？
④地盤は頑丈か？

防災メモ　国交省が公開している浸水想定エリアの情報はこちら。「浸水ナビ」（https://suiboumap.gsi.go.jp/）

DIYで手軽にできる自宅の「台風・大雨対策」

まず窓が割れないように。ものが吹き飛ばないように

本書冒頭でも紹介しましたが、大型台風の威力はすさまじいものがあります。私が体験した風速50ｍ超の台風になると、直径30㎝の大木が幹から折れ、自動車が横転するレベルです。大型の台風の接近が予想されたら、自宅の被害を最小限にするために必ず的確な対策を講じておきましょう。

まず、絶対にやっておきたいのが「窓ガラスの保護」。最近は雨戸がない家やマンションも多いですが、たとえ強化ガラスを採用していたとしても大型の台風に対しては不安です。外から勢いよく飛んできたもので窓が割れてしまうと、そこから強烈な風雨が吹き込んで室内のものが散乱したり、ガラスの破片でケガをする恐れもあります。私が体験した台風では、室内に吹き込んだ風の猛烈な圧力の逃げ場がなくなり、一気に屋根ごと吹き飛ばされてしまった家すらありました。

雨戸のない窓ガラスは、強烈な台風に対してはまったくの無防備です。必ず何らかの養生をしておきましょう！

雨戸がない場合は、窓ガラスに「飛散防止フィルム」を貼るのが手軽な対策でしょう。一度貼ってしまえば、ガラスが割れても飛散しません。ただし、この方法だけではガラスの割れを防げません。一番確実なのは、窓の外側に合板などを張って窓枠に防水テープで留める方法です。応急処置的には、段ボールを重ねて張っても意外と効果を発揮します。

このほか、庭やベランダに置いてある植木鉢、自転車、ポスト、ガーデン小物などの飛びそうなものは、すべて室内か物置に収納するか、ロープなどで固定します。我が家では強風でエアコンの室外機がひっくり返ったので、これも注意してください。庭木がある場合は、あらかじめ枝を切って風が抜けるようにしておくのも有効です。物干し竿は強風で飛ぶと凶器になるので、どこかにしっかり縛り付けておきましょう。大型台風の威力を甘く見てはいけません。

さらに、玄関やシャッター扉などからの雨水の浸入を防ぐために、土のう袋の使い方も覚えておくといいでしょう。

防災メモ　台風や地震などの災害には、「合わせガラス」が飛散しにくく被害軽減に有効だとされています。

「絶対」にやっておきたい台風対策

自動車・自転車

自動車にものや折れた枝などがぶつかって傷がつくことがありますので、周囲にネットを張るか、厚めのカバーで覆うといいでしょう。自転車は室内か物置に避難させるのが基本です。

窓ガラス

雨戸がなければ後付けするか（61 ページ）、合板や段ボールを張るのが安心。万一を考えて、窓の内側にはカーテンかブラインドを付けるといいでしょう。

庭木

枝が込み入った庭木は、台風で倒れる恐れが高くなります。適宜、剪定しておきましょう。

物干し竿

強風で物干し竿が勢いよく飛んでガラスを突き破った例があるので、ロープでしっかり縛って固定しましょう。

雨樋・排水溝

雨樋やベランダの排水溝、側溝などが詰まったりしないように掃除しておくことが大切です。

植木鉢

植木鉢やプランターなどは、重量があっても台風にはひとたまりもないので室内に収納します。

玄関の浸水対策

横殴りの雨になると、玄関からの浸水も心配です。土のう袋を利用して浸水を防ぎましょう。

ゴミ箱

ゴミ箱やバケツ類などは簡単に飛んでしまうので、必ず室内にしまっておきます。

エアコン室外機

室外機が横転・破損すると、せっかく非常用電源を用意しても使えないので、しっかり固定しておきましょう。

ガーデン用品

ジョウロやホース類、スコップなども、室内か物置などに収納しておくのが安心です。

防災メモ　片付けるかどうか迷ったものは、とりあえずすべて室内に避難させておくのが無難です。

《台風の風の強さと被害》

平均風速（m/s）	おおよその時速	風の強さ	状況	建造物などへの影響
10以上 15未満	～50 km/h	やや強い風	風に向かって歩きにくい。傘がさせない。 電線が揺れ始める。	雨樋が揺れ始める。 樹木全体が揺れ始める。
15以上 20未満	～70 km/h	強い風	風に向かって歩けない。転倒する人も出る。 電線が鳴り始める。	はがれる屋根材、瓦がある。 雨戸やシャッターが揺れる。 看板が外れ始める。
20以上 25未満	～90 km/h	非常に強い風	何かにつかまらないと立っていられない。 飛来物で負傷する恐れがある。	飛散する屋根瓦、屋根材がある。固定されていないプレハブが移動・転倒する。
25以上 30未満	～110 km/h			固定が不十分な金属屋根がめくれる。 看板が落下・飛散する。
30以上 35未満	～125 km/h	猛烈な風	屋外での行動は極めて危険。 多くの樹木が倒れる。 電柱や街灯で倒れるものがある。 走行しているトラックが横転する。	
35以上 40未満	～140 km/h			外装材が広範囲にわたって飛散し、下地材が露出するものがある。
40以上	140 km/h～			倒壊する住宅がある。 変形する鉄骨構造物がある。 倒壊するブロック塀がある。

上表は気象庁が公開している資料の抜粋ですが、風速が20m/sを超えた時点から建物に影響が出ることがわかります。私たちが体験した台風は最大級のものでしたから、多くの建物が被害に遭ったのもしかたないですね。今後は、大型の台風が増えるとの予測がありますので、やはり事前の台風対策は必須でしょう。

千葉の台風では建物だけではなく、多くの電柱も倒壊して長期停電の原因となりました。電線も切断されて地上に垂れ下がるので、感電を防ぐために絶対に近づかないようにしましょう。

これは我が家の庭にある倉庫。うかつにも入り口の吊り戸を固定し忘れたために猛烈な風で吹き飛ばされ、庫内にあったものがすべて水浸しになりました。ドアや窓の養生は絶対に忘れないでください。

防災メモ　北西太平洋や南シナ海にある熱帯性低気圧で、最大風速が約17m/s以上のものが台風と呼ばれます。

《窓ガラスの外側に保護材を張る》

私の知り合いのサッシ屋さんによれば、「大型の台風では雨戸でもものが突き抜けるから、合板を張るのが一番」とのことでした。ましてや、雨戸のない窓や天窓などは、必ず何らかの養生が必要です。合板を使うなら、厚さ4㎜のものが軽くて扱いやすいでしょう。窓枠のサイズにノコギリなどでカットし、窓枠に防水テープでしっかり留めます。粘着力の強いテープを使えば、猛烈な風でもはがれませんでした。固定に不安があれば、ネジ留めしましょう。

エースクロス 011
片面テープ
20m巻

防水テープは粘着力に優れ、雨にも強い「エースクロス 011」が多目的に使えてお勧めです。

合板の代わりに重ねた段ボールも使えます。半年ほど張りっぱなしでしたが、意外と雨にも強いです。

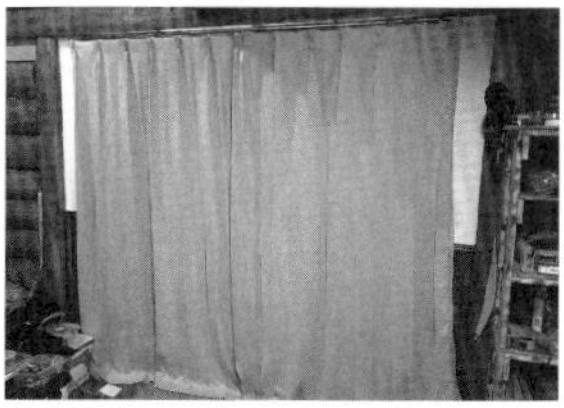

室内側にはカーテンかブラインドをしておくと、万一、ガラスが飛散したときのダメージを軽減できます。

《家や自動車をネットでガードするのも◎》

これは、台風が多い沖縄在住の友人が教えてくれた方法です。ネットはホームセンターで買える農業用のものを壁や庭木などを利用してロープでしっかりと固定しましょう。

我が家では、台風のときに
雨戸がどこかに飛んで行ったし、
倉庫のドアも吹き飛んだ……。
準備はし過ぎるぐらいで、
ちょうどいいと思う

《養生テープの効果は？》

台風対策として、養生テープを窓ガラスに貼る方法がありますが、ガラス割れには役に立ちません。ただ、割れたガラスの飛散防止には多少役立つので、何もしないよりはよさそうです。

防災メモ　4㎜厚の合板は、大型のカッターナイフで表裏に切れ目を入れる方法でも、きれいにカットできます。

《飛散防止フィルムの種類と貼り方》

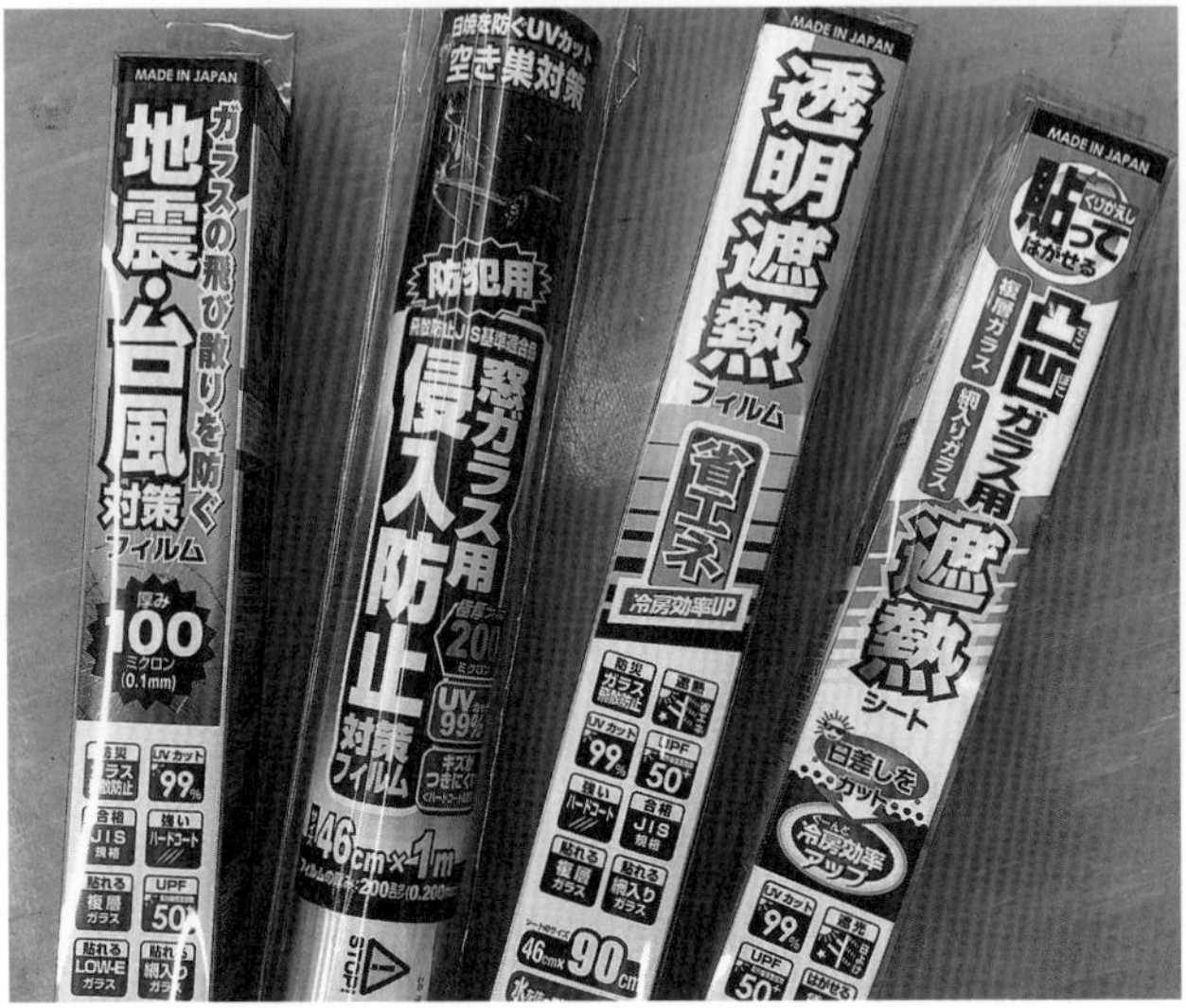

台風対策でもっとも簡単にDIYできるのが、窓ガラスに「飛散防止フィルム」を貼る方法。フィルムにはいろいろな種類があって、通常は室内側から貼る内張り用のUVカットタイプを選びます。また、遮熱や断熱効果のあるタイプは、後述する家の快適化にも役立ちます。フィルムを貼るときは、下のように多めの洗剤うすめ液を利用し、シワが寄らないように作業します。窓のサイズぴったりにフィルムをカットする自信がなければ、インターネット販売のカットサービスを利用するのが確実です。

❶

水200ccに合成洗剤1ccを混ぜた液をガラスにスプレーし、ゴムベラできれいに拭き取ります。

❷

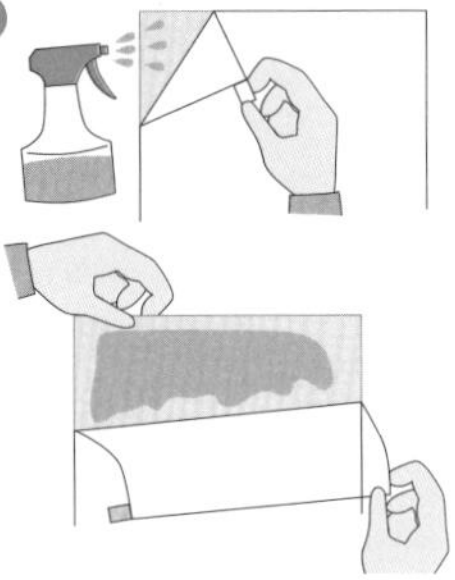

フィルム裏面の保護フィルムをはがしながら、スプレー液を吹きかけます。

❸

ガラス面にたっぷりの液をスプレーします。これでフィルム位置の微調整がしやすくなります。

❹

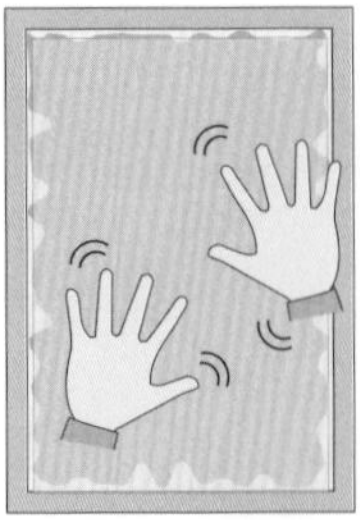

フィルムを窓枠上辺から貼っていきます。フィルムはガラスより数mm小さくカットしておきます。

❺

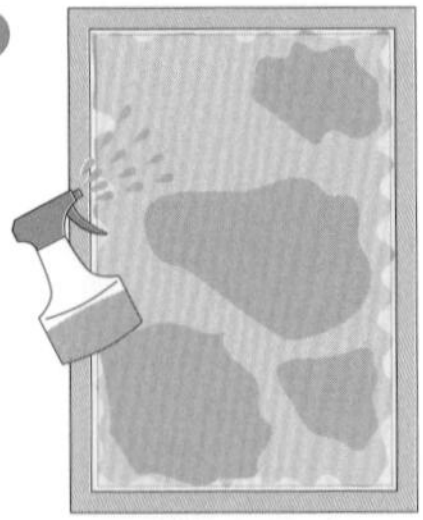

さらにフィルムの上から液をスプレーすることで、ヘラの滑りがよくなります。

❻

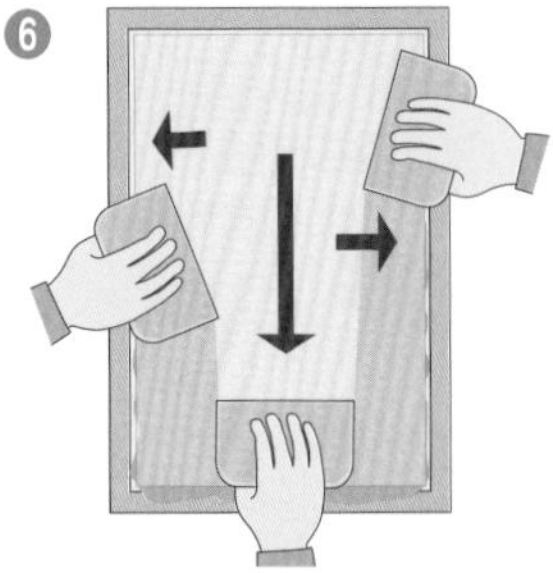

ヘラを使って、フィルムの真ん中から空気を押し出すようにして貼っていきます。

防災メモ　JIS規格の飛散防止フィルムなら、基本的にUV（紫外線）カット機能は備わっています。

《浸水を防御する「土のう袋」の作り方・積み方》

我が家のご近所10人ほどに聞いたところ、台風時に意外と被害に遭っていたのが玄関やシャッター扉からの「浸水」です。私の家の玄関も水密性が高いタイプでしたが、真横から降ってくる強烈な雨に対しては、まったく無力でした。こうした浸水は「土のう袋」や「ブルーシート」などで防ぎましょう。ちなみに、一般的な土のう袋は紫外線に弱く、屋外に放置しておくと数カ月で破れてきますが、UVカットタイプなら2～5年の耐久性があります。

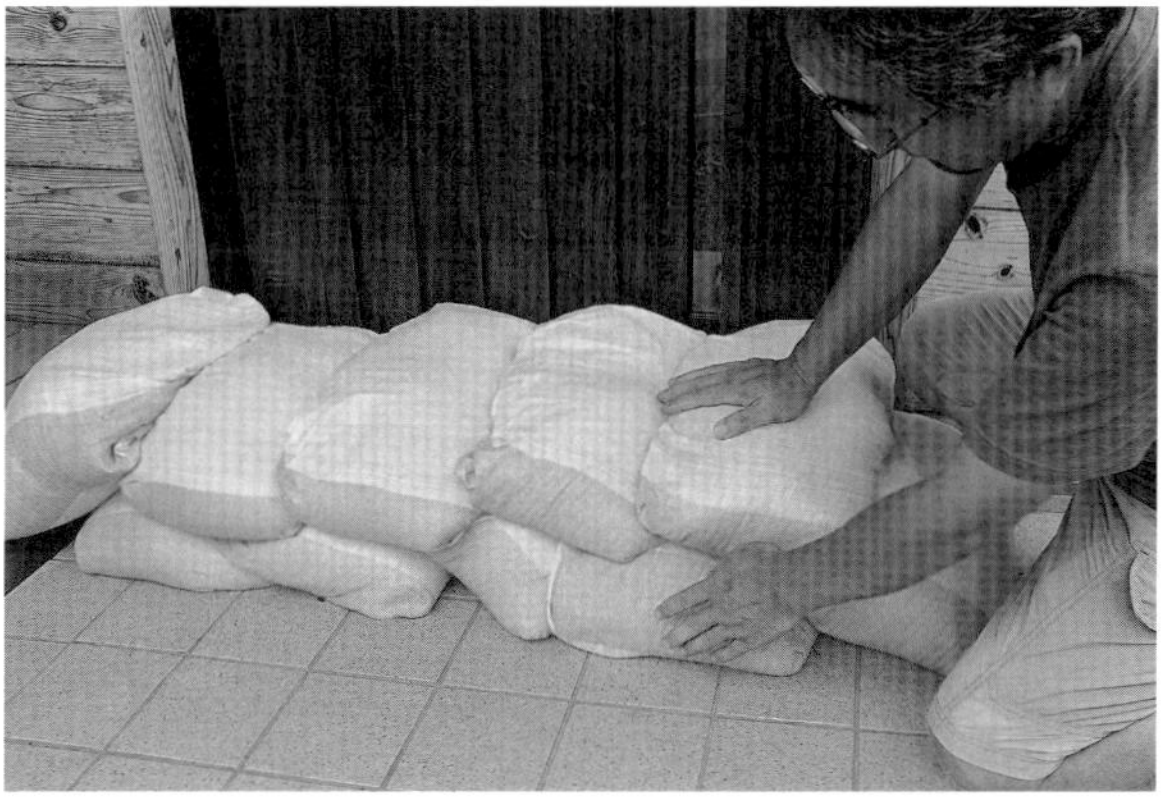

【土のう袋の簡単な作り方】

①
直径約30cm
高さ約35cm

土のう袋に砂や土を入れる作業はひとりだと難しいので、段ボール紙と布テープで筒状のパーツを作ると便利。

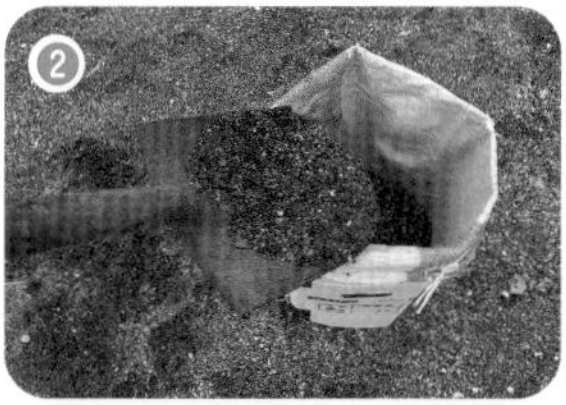
②

筒に袋を入れて口を折り返し、砂や土を筒の半分ほどまで詰めます。袋いっぱい詰めると重くて作業しにくくなります。

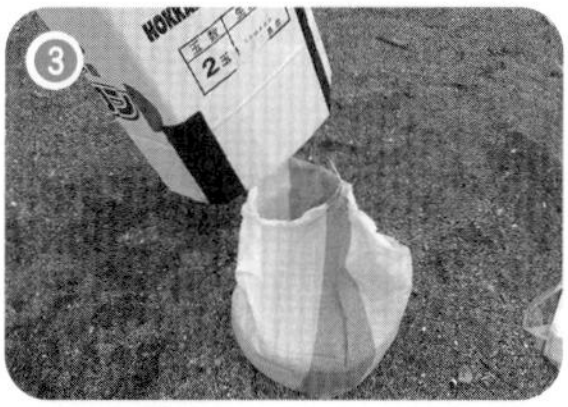
③

中身を詰め終えたら、段ボール紙の筒を引き抜くと袋が安定した状態で自立します。

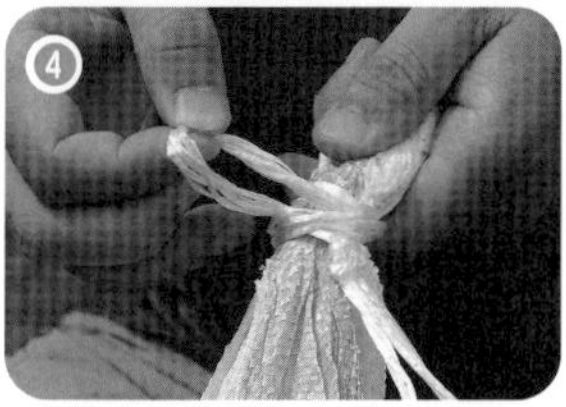
④

袋の口のヒモを引き締めてから3回ほど巻き、最後に留め結びして完成です。

【土のう袋の効果的な積み方】

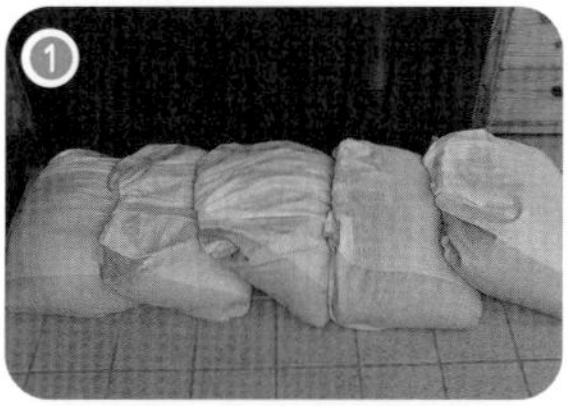
①

玄関の下部に袋を並べますが、袋を横に寝かせ、口を下側に折り込んで少しずつ重ねれば水が浸入しにくくなります。

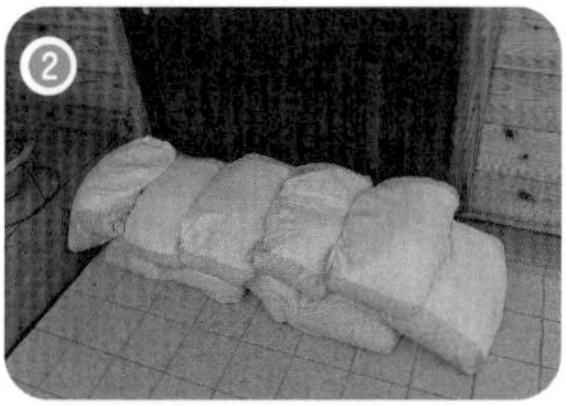
②

必要に応じて、段数を重ねます。このとき、上下の袋の位置を半分ずつずらすことで、より水密性が高くなります。

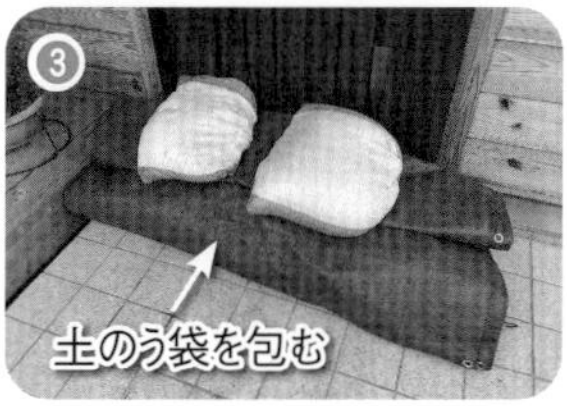
③
土のう袋を包む

最初にブルーシートを敷き、その上に袋を置いて包み込む方法なら、より浸水しにくくなります。

NG!
ここから水が入る

このように、土のう袋を縦に置いてしまうと、すき間から水が浸入しやすくなるのでNGです。

防災メモ　砂や土が入手しにくい都市部などでは、水で膨らむポリマータイプの土のう袋を使う方法もあります。

DIYで手軽にできる自宅の「地震対策」

割れた皿やコップ、包丁などを凶器にしないために……

地震による負傷者の30〜50％は、家具などの転倒や落下によるものです。また、マンションでは高層階になるほど揺れが大きくなり、家具による事故も多くなっています。

キッチンまわりの地震対策が大切

そして地震が発生したとき、とくに家の中で危険なのは「キッチン」です。揺れが大きければ電子レンジや炊飯器などは飛び出して凶器と化し、大型冷蔵庫が転倒してくる恐れもあります。さらに、食器棚の皿やコップが飛散し、包丁やキッチンバサミが飛んでくることも。キッチンの地震対策の基本は、ものが飛んだり動かないようにすることです。

まず、キッチンで絶対に耐震化しておきたいのが「冷蔵庫」。倒れるとそれ自体が凶器になるのはもちろんですが、被災後の暮らしを助けてくれるはずの生鮮食品や氷なども使えなくなってしまうからです。冷蔵庫はゴムバンドや伸縮式のポール（突っ張り棒）などで固定する方法が知られていますが、DIYができる人なら冷蔵庫の上側のスペースにピッタリの棚を作ってしまうのも確実でしょう。

食器棚の扉は「耐震ラッチ」や「開き戸ロック」などを取り付けておくと、地震で扉が開いて中のものが飛散することを防げます。これは、包丁などをしまってある収納扉にも付けておきたいところ。専用のラッチが入手しにくい場合は、百円ショップなどで売っている「S字フック」を取っ手に付ける方法でも代用できます。いずれにしても、中の収納物が大量にあると、その重みでロックが外れてしまう恐れがあるので、収納物の整理と並行して地震対策を進めましょう。

電子レンジや炊飯器は、下に「耐震マット」を敷いておきます。これが意外と効果的で、強力な粘着力で横揺れだけでなく縦揺れでもズレにくくしてくれます。同様の商品が、「耐震ジェル」などの名前でも売られています。

リビングや寝室などでも考え方は同様です。本棚や机、タンスなどの家具は「L形金具」で床や壁に直接固定するのが一番確実です。賃貸住宅で床や壁を傷つけたくない場合は、滑り止めシートや耐震マットなどを活用しましょう。実際に使ってみると、かなりの力で押してみても動かないので役立ってくれそうです。

防災メモ　耐震グッズにはさまざまな種類がありますが、最強なのは「L形金具」といわれています。

《地震の揺れの大きさと被害》

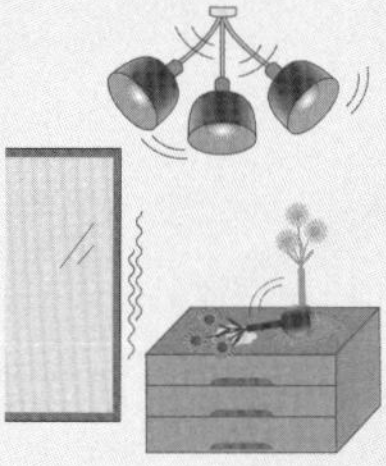

【震度4】

- ほとんどの人が驚き、恐怖感がある。
- 電灯などのつり下げ物は大きく揺れ、棚にある食器類は音を立てる。置物が倒れることがある。
- 電線が大きく揺れる。

【震度５弱】

- 多くの人が身の安全を図ろうとする。
- 棚にある食器や本が落ちることがある。
- 座りの悪い置物の多くが倒れる。
- 断水、停電する家庭がある。

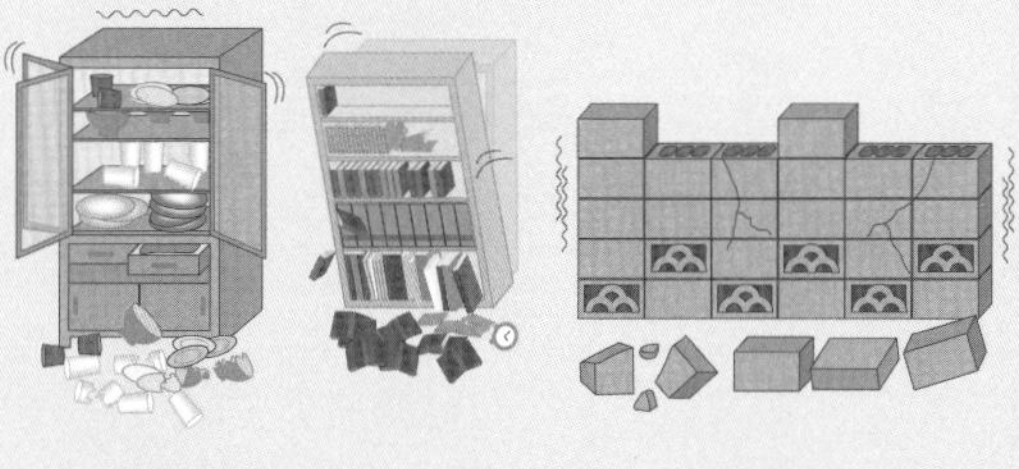

【震度５強】

- 非常な恐怖を感じる。ものにつかまらないと歩くことが難しい。
- 重い家具が倒れることがある。
- 補強していないブロック塀が崩れることがある。
- 耐震性の低い木造家屋では、壁や柱が損傷したり傾くものがある。

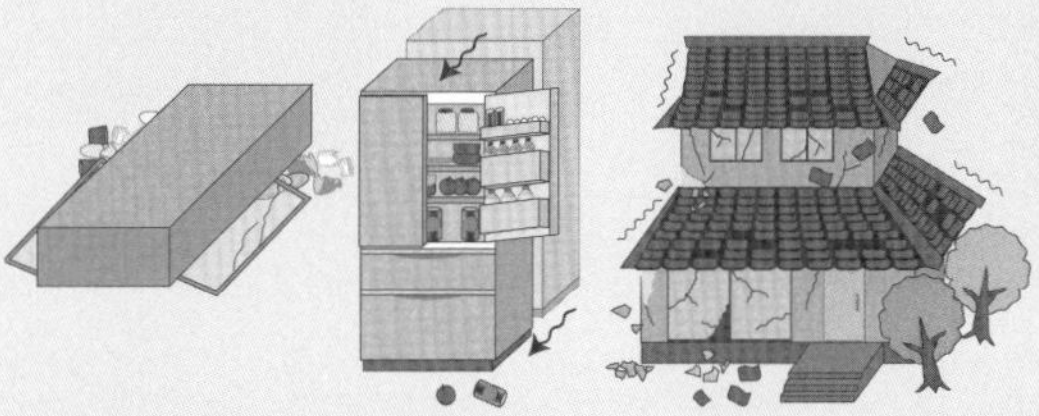

【震度６弱】

- 立っていることが困難になる。
- 多くの建物で、窓ガラスや壁のタイルが破損、落下する。
- 耐震性の低い木造家屋では、倒壊するものがある。
- 一部地域でガス、水道の供給が停止し、停電することもある。

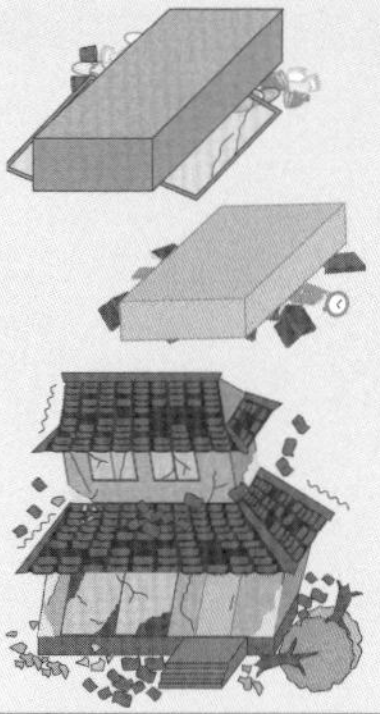

【震度６強】

- 這わないと動くことができない。
- 固定していない家具のほとんどが移動・転倒する。
- 耐久性の低い木造住宅では倒壊するものが多い。耐久性の高い木造住宅でも、壁や柱がかなり破損するものがある。

【震度7】

- 自分の意思で行動できない。
- ほとんどの家具が大きく移動し、飛ぶものもある。
- 耐震性の高い木造や鉄筋コンクリート造の建物が傾いたり大きく破損するものがある。
- 広い範囲で、停電・断水する。

近年の日本では、震度６弱以上の地震が年に２～３回、震度５弱以上は年に15回ほど発生しているそうです。上表は気象庁の「震度階級関連解説表」の抜粋ですが、過去の震災では、建物の倒壊や家具の転倒などによって、多くの方々が亡くなったりケガをしています。

防災メモ 「マグニチュード」は震源のエネルギーの大きさを表し、震源地から離れるほど揺れ（震度）は小さくなります。

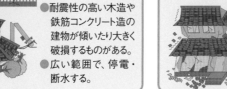

地震対策はここが大切（キッチンの場合）

食器棚

耐震ラッチなどを使って、大きな揺れで扉が開かないようにしておきます。また、棚の上側には軽いものを、下側に重いものや割れやすいものを収納するのも基本です。

キャスター付きラック

どうしても不安定な収納が多くなるのもキッチンの特徴です。キャスター付きの棚などは、キャスターをしっかりロックし、重心を下げることで収納棚自体の転倒を防ぎましょう。

冷蔵庫

大型の冷蔵庫が倒壊してしまうと危険なだけでなく、その後の避難生活にも影響を及ぼします。上部のスペースに工夫を凝らして転倒を防ぎます。

吊り戸棚

こちらも扉を耐震ラッチで固定します。また、重量のあるホットプレートや土鍋などは収納せず、ペーパー類やザル類などの軽いものを入れるようにします。

電子レンジ、炊飯器

トースターやミキサー、コーヒーメーカーなども含めて、物理的に固定しにくいものは、耐震ジェルの粘着力で固定するのがお勧めです。震度7対応の商品なら、かなりの揺れでも動かなくしてくれます。

水切りカゴ

カゴの下の水受けプレートに、滑り止めシートを敷いておきましょう。

ゴミ箱

定期的に動かすものは、ゴムバンドなどで棚板や壁などに固定しておくと便利です。

調味料棚

百円ショップなどで売られている調味料カゴに入れて、カゴの下に滑り止めシートを敷きます。

防災メモ　滑り止めシートや耐震ジェルなどは、百円ショップのものでも十分に活用できます。

冷蔵庫を固定する3つの方法

【棚のDIY】

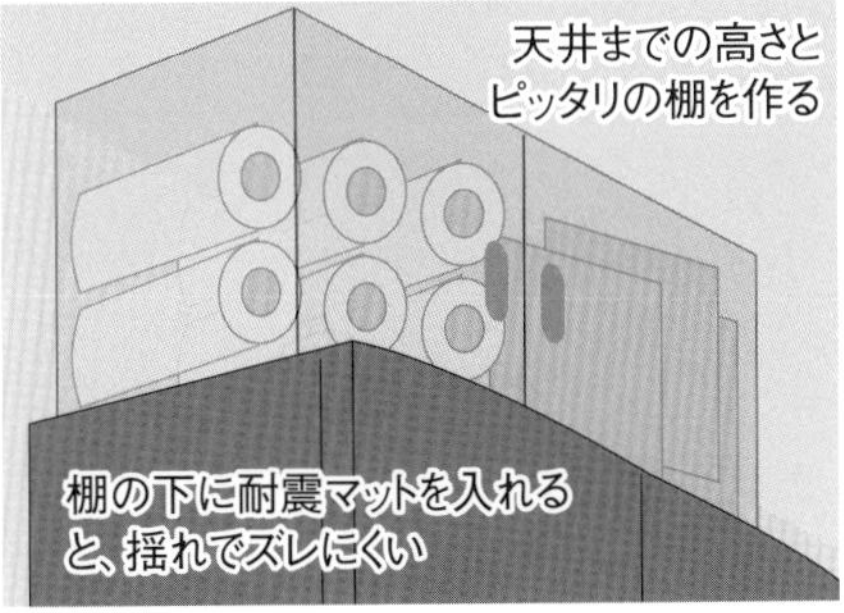

天井までの高さと
ピッタリの棚を作る
棚の下に耐震マットを入れる
と、揺れでズレにくい

冷蔵庫を耐震化すると同時に、上部のデッドスペースを有効活用するワザとして、棚の設置があります。DIYに慣れた人なら、合板などを利用して上部の空間にピッタリ収まるようにすれば、かなりの耐震性を期待できます。なお、棚の中にはペーパー類や乾物などの軽いものを収納すると落下しても安心です。

【ゴムバンド】

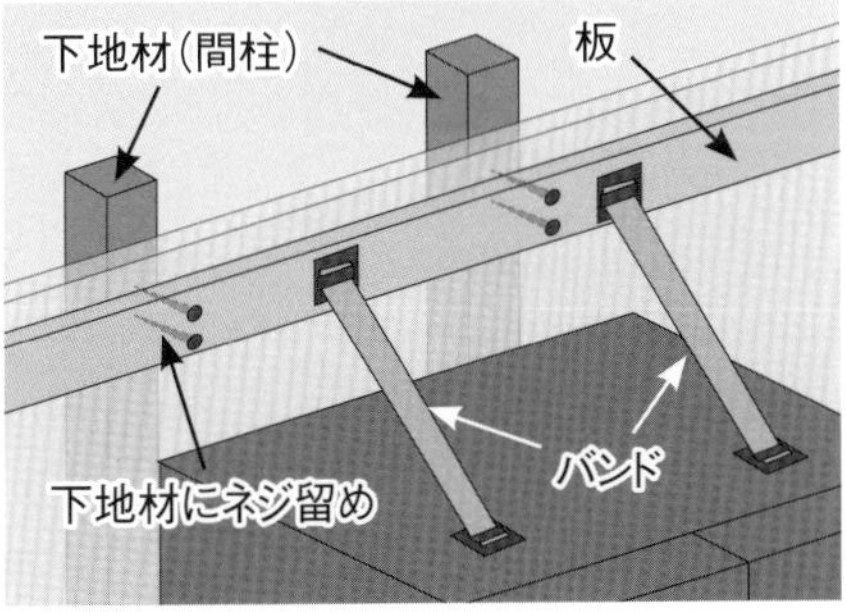

下地材(間柱)
板
下地材にネジ留め
バンド

冷蔵庫を固定する方法としては、「ゴムバンド」を利用するのも確実。両面テープでバンドを壁と冷蔵庫の天板に貼り付けるだけなので、作業は数分で完了です。ただし、壁の強度に不安がある場合は、図のように細長い板を下地材にネジ留めし、そこにバンドを張り付けるといいでしょう。

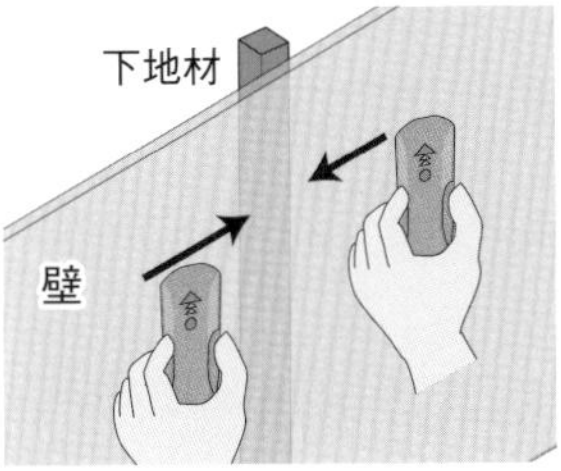

下地材
壁

通常、下地材は303㎜か455㎜間隔で入っていて、その位置を探るとセンサーがブザーで教えてくれます。

下地材の位置を見つけるには、下地探知センサーを利用すると便利です。ホームセンターで、2,000円ほどで購入できます。

【ポール式器具（突っ張り棒）】

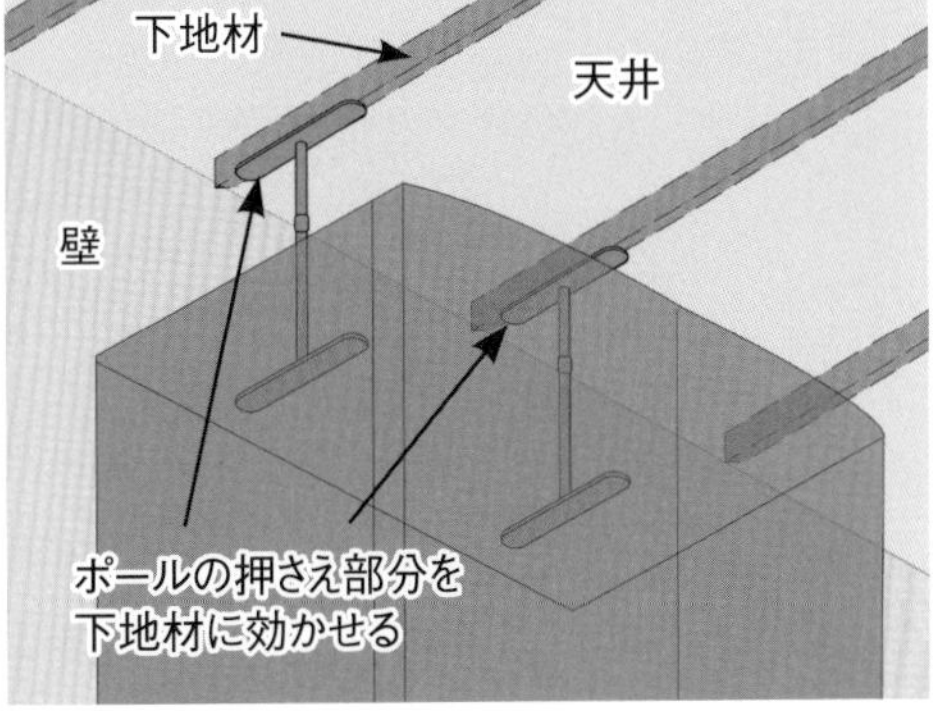

下地材
天井
壁
ポールの押さえ部分を
下地材に効かせる

壁や天井に傷をつけたくない場合、一番手軽に冷蔵庫を耐震化できるのが「伸縮式ポール器具」を使う方法です。ポイントは、ポールの押さえ部分を必ず天井の「下地材」に効かせること。下地がない場所に設置してしまうと、地震発生時にポールに大きな力がかかったとき、天井を突き破ってしまうことがあります。これは、L形金具を壁に固定する場合も同様です。伸縮ポールは、大型家具などの固定にも活用できます。

防災メモ 冷蔵庫の扉をロックするための耐震グッズもあるので、適宜、活用してみましょう。

《収納扉を「耐震ロック仕様」にしてみる》

地震が発生すると、食器棚の扉が開いて中の食器やコップなどが飛散してしまいます。これを防いでくれるのが「耐震ラッチ」。通常は普通に扉を開閉できますが、一定の震度以上になるとしっかり扉をロックしてくれ、揺れが収まると元に戻ります。なお、本体と受けのパーツの取り付け位置が少しでもズレるとうまく作動しないので取り付け作業は慎重に。また、棚の上部の板に段差があると取り付けできない場合もあるので、あらかじめ仕様書で確認してみてください。

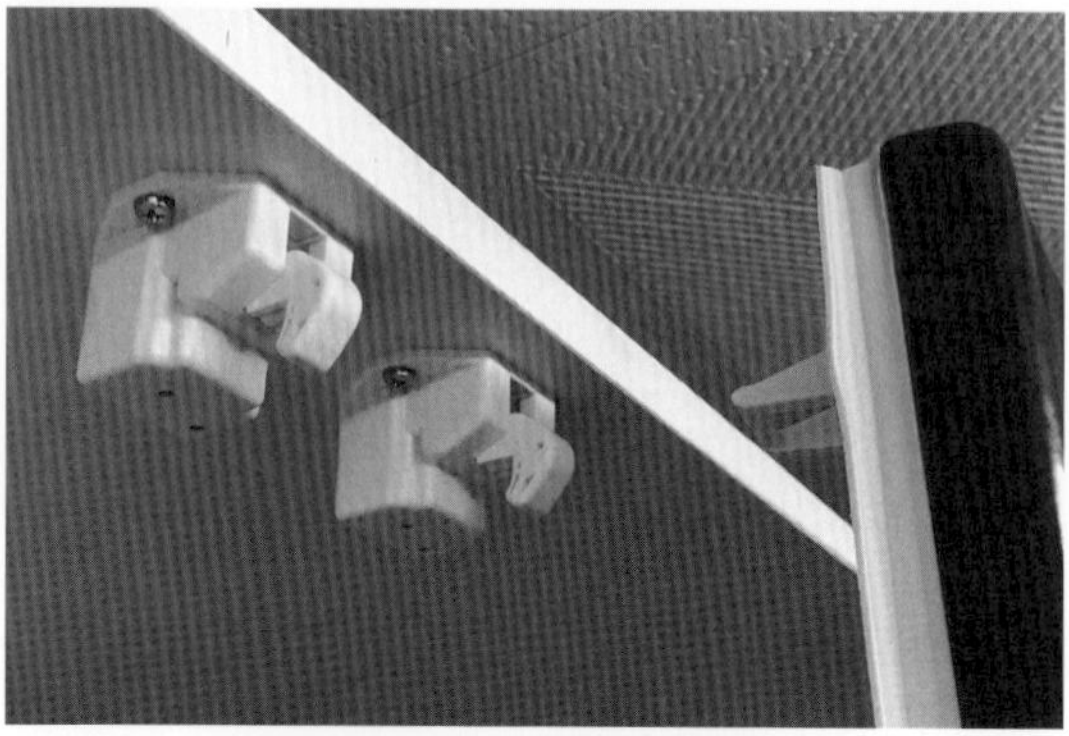

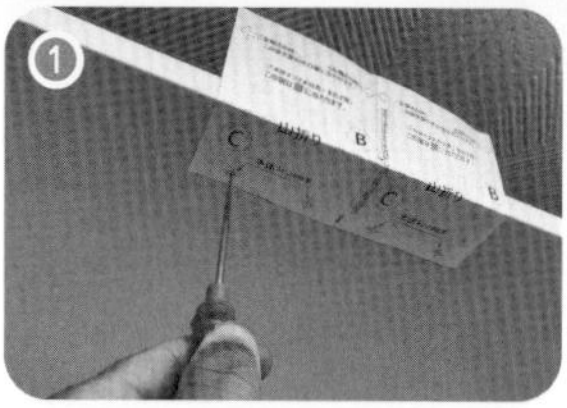

① 商品に付属の取り付け用の型紙を所定の位置にテープで貼り付け、ネジ留め位置に下穴をキリなどで開けます。

② 扉側に受け用のパーツを取り付ける下穴をキリで開け、付属のネジでパーツをしっかり留めます。

③ ラッチ本体を棚板側にネジを使って確実に取り付けます。数㎜ぐらいは、後からでも位置を調整できます。

④ 扉を閉めたときに「カチッ」と抵抗なく収まればOKです。閉まらない場合は、ラッチの位置を微調整してみましょう。

《「耐震ジェル」や「滑り止めシート」も意外と使える！》

電子レンジや炊飯器、コーヒーメーカーなどは、耐震ジェルで固定してみましょう。「震度7対応」のタイプは、かなりの粘着力でホールドしてくれます。

調味料入れや水切りカゴなどの下側には、滑り止めシートを敷いておくと地震時の飛び出しやズレを防ぐことができます。

防災メモ　システムキッチンなどの金属製の収納扉にラッチを付ける場合は、金属用ドリルで下穴を開けます。

《家具類の固定は「ネジ留め」がベスト》

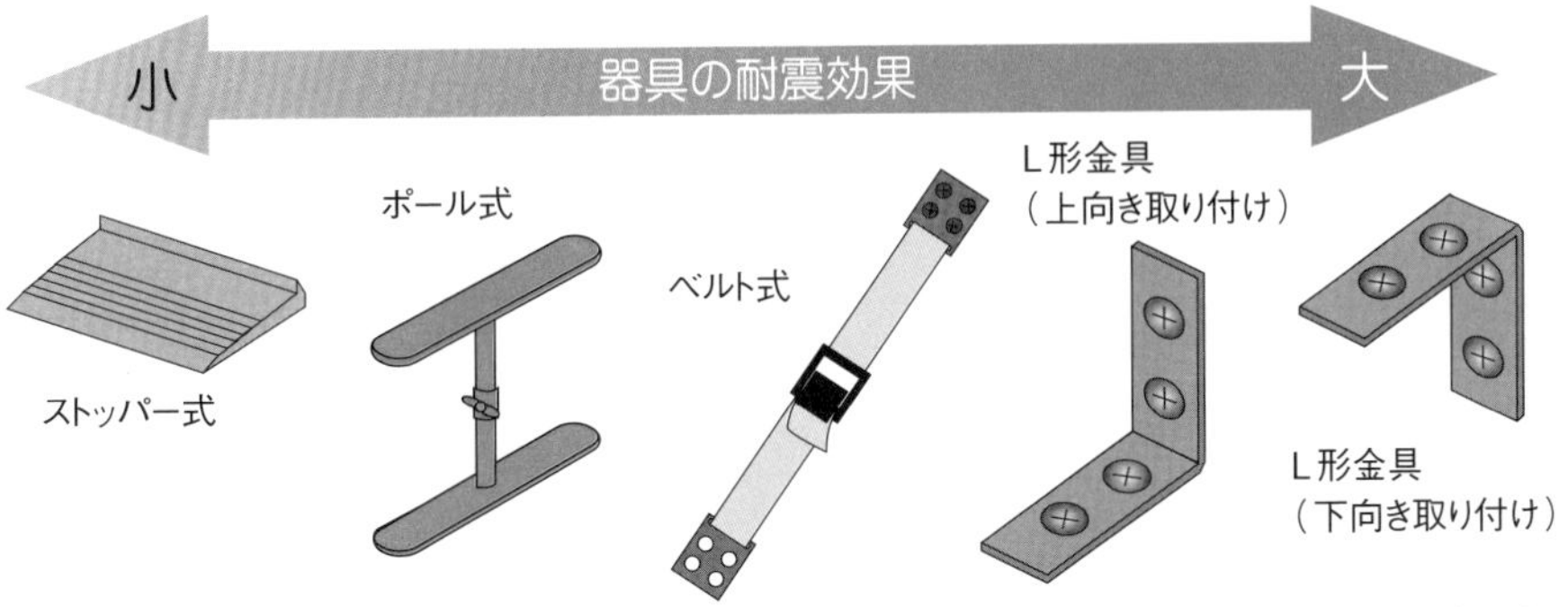
小
器具の耐震効果
大
ストッパー式
ポール式
ベルト式
L形金具
（上向き取り付け）
L形金具
（下向き取り付け）

家具も伸縮式ポールで固定できますが、東京消防庁の検証によると、より確実なのはL形金具をネジ留めする方法です。壁や天井を傷つけたくない場合は、ポールと粘着マットなどを併用すると効果的です。

【L形金具の取り付け方法】

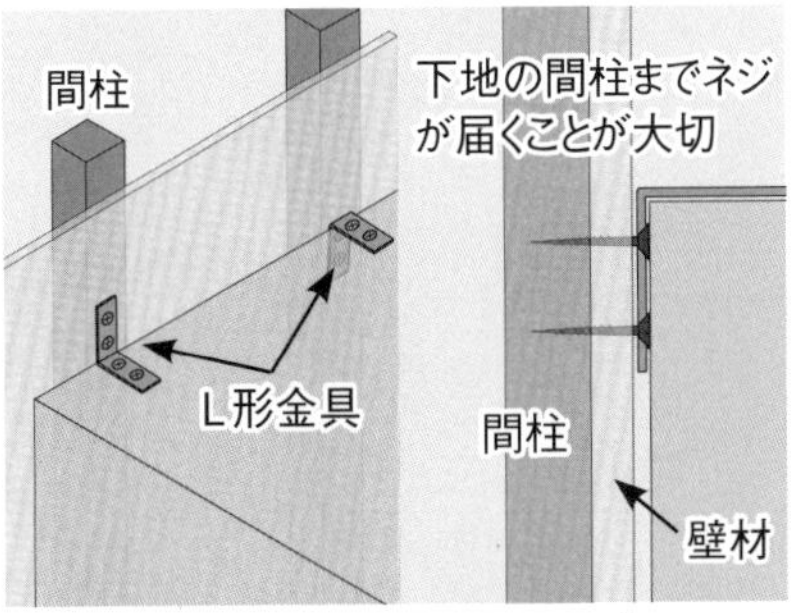
間柱
下地の間柱までネジが届くことが大切
L形金具
間柱
壁材

L形金具で家具を固定する場合、必ず壁の下地材に取り付けることが大切です。41 ページの探知センサーを使って確認しましょう。また、L形金具は下向きに取り付けるほうが強度に優れます。

【使用する「ネジ」に注意！】

市販の耐震用L形金具に付属しているネジは、強度的に不安な商品が少なくありません。私のお勧めは、建築用の「耐震ネジ」。せん断に対する強度に優れているので、強い地震にも安心です。

【実際の取り付け方法】

実際の取り付けはドライバーを使ってネジを留めるだけですが、壁や家具の材質でネジがなかなか入っていかないことがあります。その場合は、あらかじめキリか細いドリルで下穴を開けます。

【家具の天板に強度がない場合】

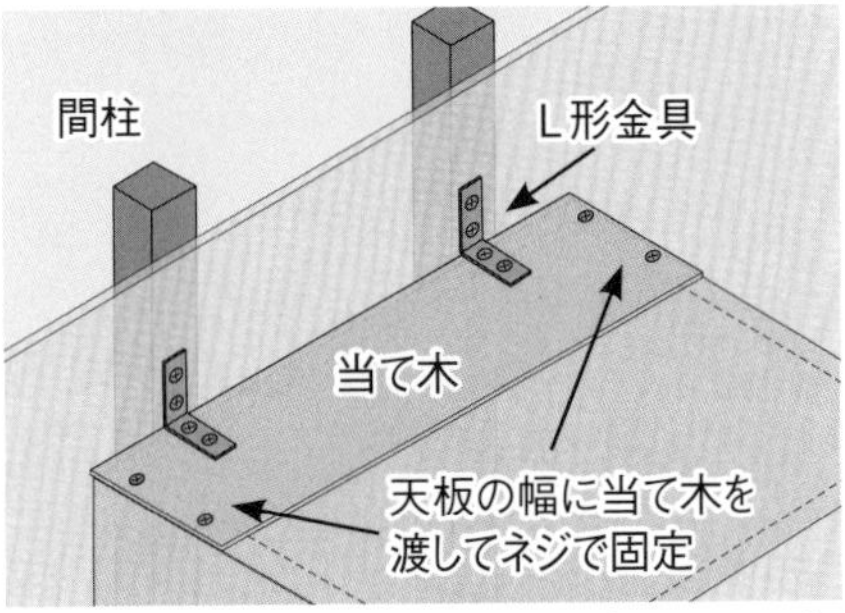
間柱
L形金具
当て木
天板の幅に当て木を
渡してネジで固定

壁や家具の形状によって、取り付け方はケースバイケースとなります。よくあるのが家具の天板が薄くて強度が足りない例。この場合は、天板に別の厚い板をネジ留めしてからL形金具を取り付けます。

防災メモ　公営住宅では、防災目的のネジ穴などについて原状回復義務を免除するところが増えつつあります。

《ワイヤーラックの固定》

ワイヤーラックは組み立てが簡単なので人気ですが、とても不安定なので我が家では天井まで伸縮できるポール付きのタイプを使っています。また、上段には軽いもの、下に行くほど重いものを置くことで安定しやすくなります。

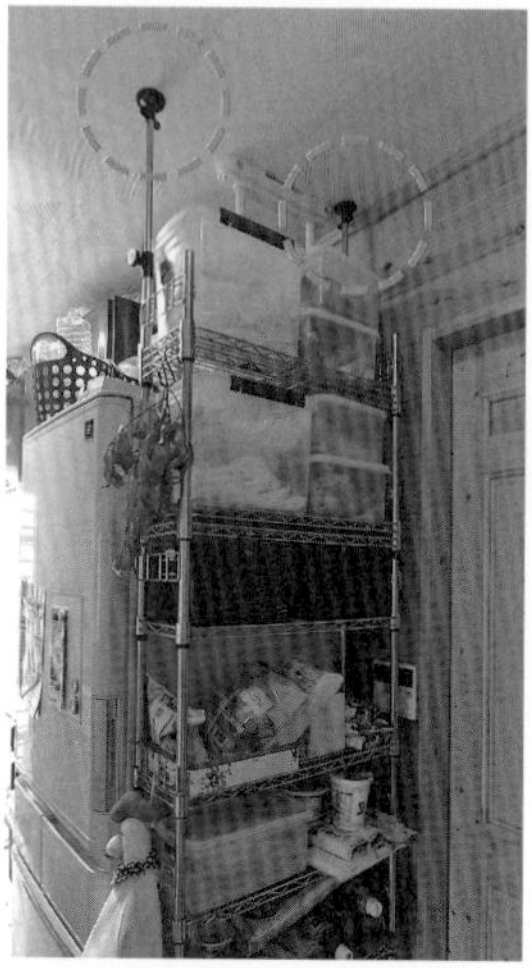

《テレビの固定》

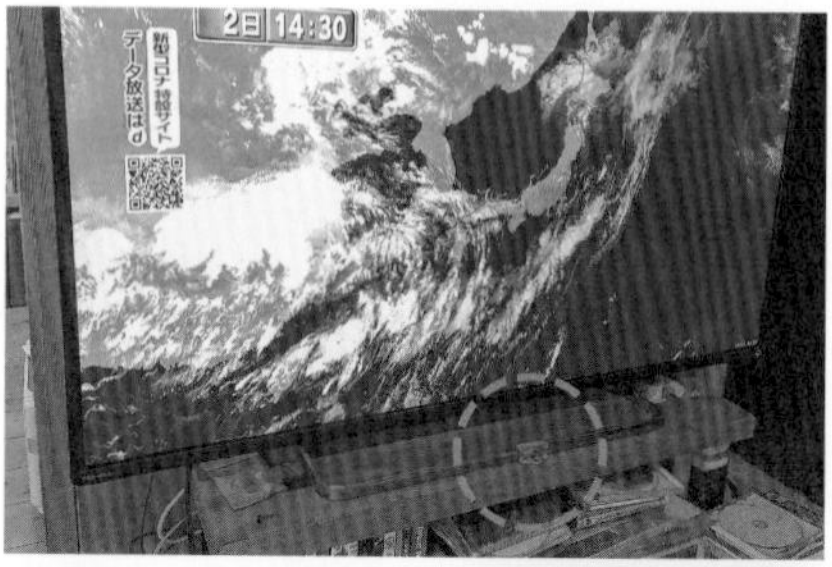

最近のテレビは大型化されたこともあり、最初から耐震用の固定金具が付属されることが多いので、それを利用して置き台にしっかり固定します。テレビ専用の転倒防止グッズを使うのも効果的です。

《本の落下防止》

本棚に収納している本は、その下に滑り止めシートを敷いておくと、地震で本が飛び出るのを防ぐことができます。

《花瓶などの小物》

こうした小物類の固定は、耐震ジェルの得意技です。地震では倒れませんが、手に取って移動するのは簡単なので、掃除が不便になることはありません。

《家具類は「造り付け」が理想》

理想を言えば、本棚や家具類は家を建てるときに造り付けにしてしまうのがベストです。写真は、我が家の本棚をDIYした例。ほかに、タンスや下駄箱なども造り付けにしています。ホームセンターで買えるツーバイ材（2×8など）をネジ留めするだけでも簡単に作れますので、気軽にチャレンジしてみてはいかがでしょうか。

防災メモ　そもそも家具類は少ないほうが防災には有利なので、この機会に整理するのもいいかもしれません。

DIYで自宅の「調熱&調湿性能」を高める

身体に優しい天然素材で、癒やしの防災空間を作る

自宅をDIYで防災仕様にするというと何だかハードルが高そうに思えますが、いまや一般の女性誌でもDIYや自分でリフォームする記事が人気の時代です。そこでもっと手軽なアイディアとして、まずは自宅を「調熱&調湿」仕様にしてみませんか？

もともと日本では、無垢の木材や漆喰、珪藻土《けいそうど》、和紙、ワラといった自然素材を活かした家造りが行われてきました。これらの材料の特徴は、日本の高温多湿な環境のなかでも、**室温と湿度を自動的に調整してくれる機能**に優れていることです。材料そのものが熱や湿気を適度に吸収したり放出することで、48ページで紹介する断熱性能とはまた違ったメリットを発揮してくれます。近年では木の家やログハウスなどが人気なのも、これらが大きな理由ですね。

そしてさらなる大きなメリットが、**DIYでの作業性のよさ**です。たとえば、我が家の室内の壁はスギの無垢板と漆喰による仕上げになっていますが、これらはすべて私や奥さん、子供たちが作業したものです。材料はホームセンターやネット通販で簡単に入手できますし、価格も意外と安価です。現在はDIYブームなので、素人でも簡単に仕上げの作業ができるインスタント漆喰なども売られています。また、建物の強度に影響を与えないので、DIYで気軽に取り組めるのもいいですね。プロは漆喰をコテで塗りますが、使い捨てのビニール手袋をして手で直接塗れば、子供でも簡単に作業できます。少しぐらい仕上げが雑になっても、自分の家なので誰にも怒られません。

我が家もこうした自然素材の仕上げにした結果、夏のジメジメした季節でも室内はサラッとしていて、熱帯夜とも無縁です。冬の寒い時期も無垢の木材が適度に蓄熱してくれるせいか、一年を通して快適で健康な生活を送ることができています。今回の台風直後も、屋外の最高気温は38℃という熱中症になるレベルの暑さでしたが、なんとかストレスなく乗り切ることができました。

いま暮らしている家の壁が、ビニールクロスや化粧合板などのケミカルな素材なら、自宅避難を快適にするためのリフォームだと考えて、木の板を張ったり漆喰仕上げにしてみてはいかがでしょう。

防災メモ　珪藻土はシックハウス対策としても人気の材料で、漆喰と同様の方法で塗ることができます。

DIYで調熱&調湿化リフォーム❶……漆喰や珪藻土を塗る

調湿・消臭などの作用に優れる漆喰や珪藻土は、DIYで簡単に塗れるのもメリット。後述する壁の耐震化を計画しているなら、いったん既存の壁をはがし、新たに石膏ボードか構造用合板などの下地板を張り、その上から漆喰や珪藻土を塗っていくと費用も手間も無駄がありません。

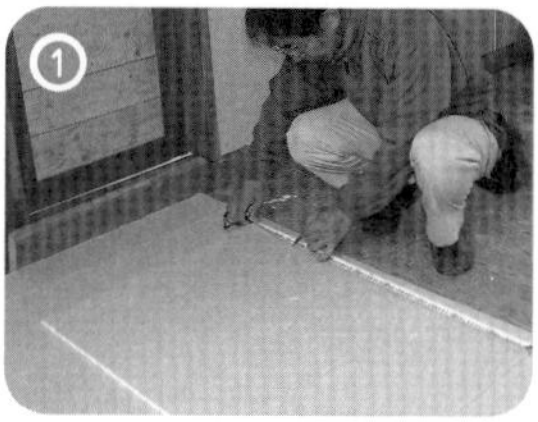

ここでは下地に石膏ボードを使用。まず、石膏ボードを必要なサイズにカッターナイフで切ります。

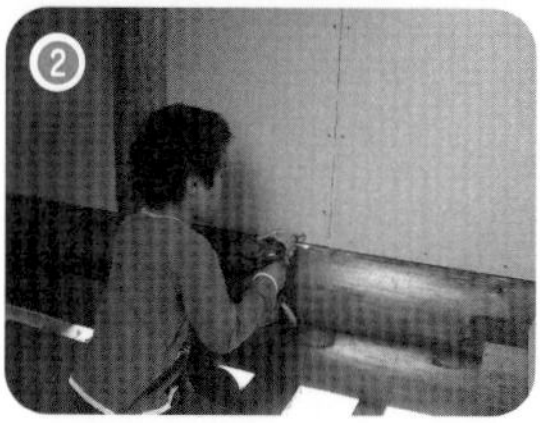

石膏ボードを柱や間柱に38㎜のネジで留めていきます。ネジ同士の間隔は15～20㎝が目安。

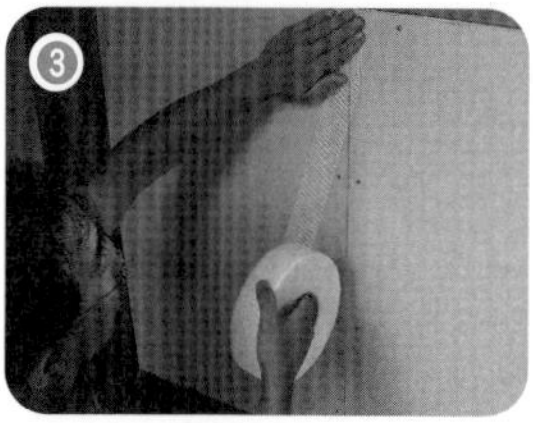

ボードの継ぎ目にメッシュ状のファイバーテープを貼ると、経年劣化によるヒビ割れを防げます。

さらに、ネジ穴には専用パテを埋めておきます。パテは適量の水で溶いて使用します。

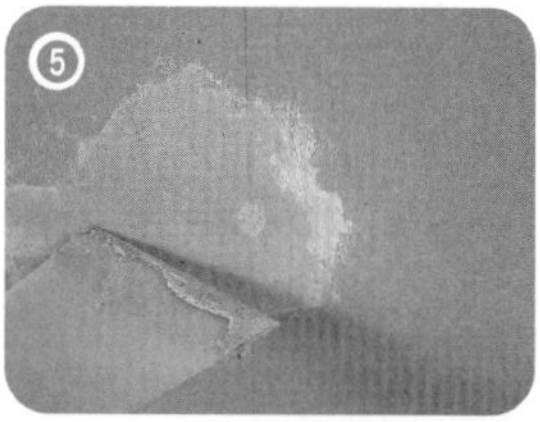

ゴムベラなどでパテ埋めし、乾燥硬化したら、180番程度の紙ヤスリで均一にならします。

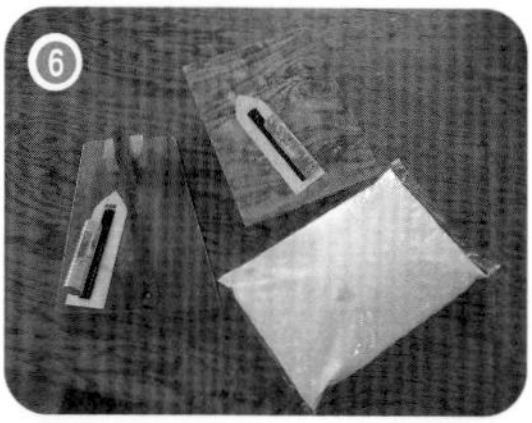

初めて塗るならDIY用の漆喰や珪藻土が便利です。コテは柔軟性のあるプラスチック製が◎。

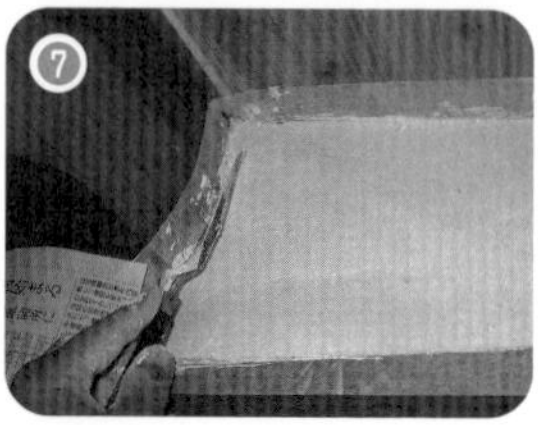

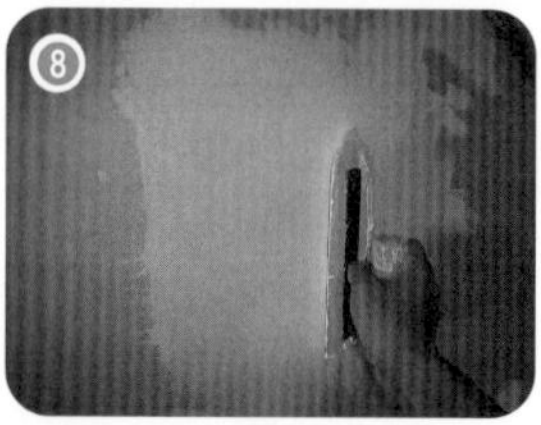

❼汚したくない部分にマスキングテープを貼り、狭い部分から塗っていきます。狭い場所は、百円ショップのパレットナイフが使いやすいです。❽コテはゆっくり一定の速度で動かして、均一に塗っていきます。

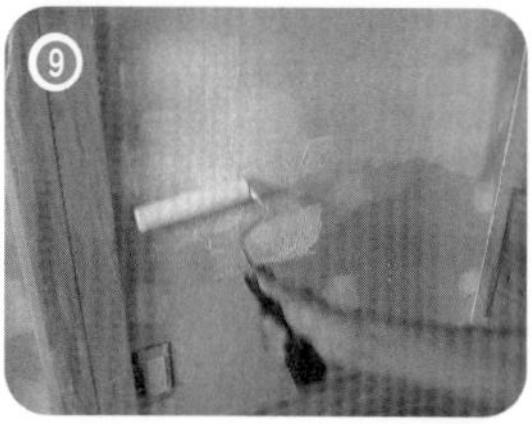

ローラーバケを使うと、コテ塗りとは違った雰囲気の仕上がりを楽しめます。

防災メモ　石膏ボードは、石膏を厚紙で被覆しており、防火、遮音、断熱性があります。プラスターボードとも呼ばれます。

DIYで調熱&調湿化リフォーム❷……壁を板材で仕上げる

壁を羽目板などの板材で仕上げる場合も、下地には石膏ボードが使われますが、ここでは耐震性をアップするために「構造用合板」を使っています。仕上げの板材は「縦張り」や「横張り」、腰の高さまで張る「腰壁仕上げ」など、好みの方法で張っていきましょう。室内を板壁にすると、日々の爽やかさを実感できます。腰壁の上側の壁は、漆喰や珪藻土を塗る仕上げも人気です。

構造用合板は厚さ9㎜のものを使用し、長さ38㎜のネジで間柱や柱に留めていきます。

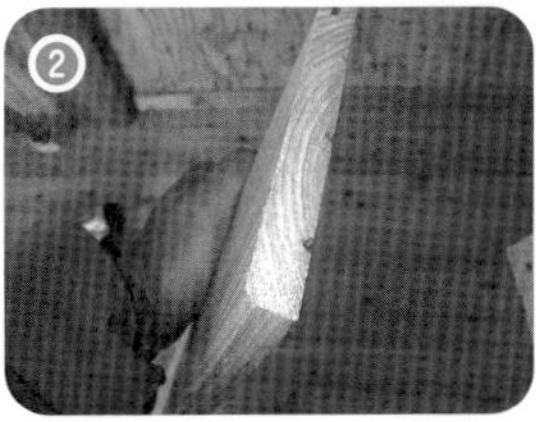

腰壁用の羽目板は12㎜厚を使用。長さは90～100㎝ほどでカットするのが目安です。

羽目板は長さ32㎜の真鍮クギか化粧クギで打ち付けるか、サネの内側をステープルで留めます。

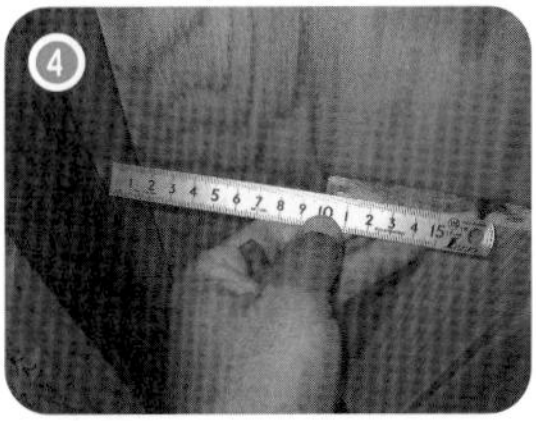

張り終わりの部分はサイズが半端になるので、残りの部分の長さを正確に計測します。

その幅で羽目板をカット。羽目板は軟らかいので、カッターナイフで切ることができます。

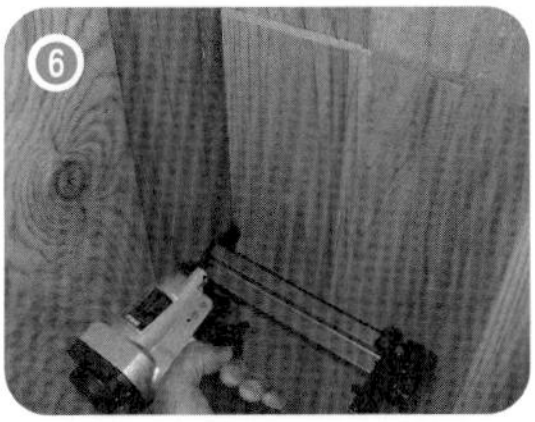

サネを合わせ、側面からステープルを打ち込みます。腰壁の上端に「見切り」を留めて完成です。

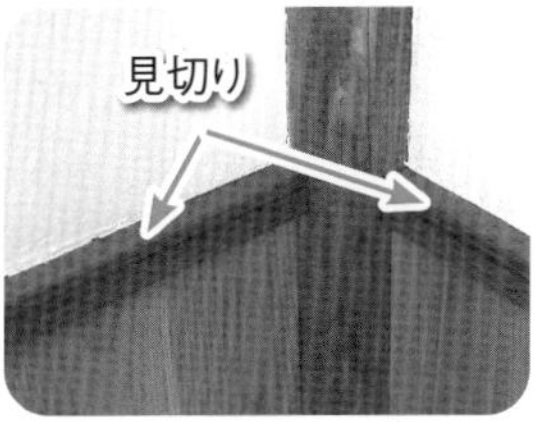

これが見切りを取り付けた状態。羽目板の上端が多少バラバラでも、これで美しく仕上がります。

床と壁との継ぎ目も、幅木と呼ばれる見切りを取り付けることでプロのような仕上がりになります。

板材を横張りにする場合は、下地板を省略して間柱に直接ネジ留めする方法もあります。

防災メモ　羽目板はオス・メスの形状に加工された「サネ」同士をはめることで、しっかりした仕上がりになります。

DIYで自宅の「断熱性能」を高める

簡単リフォームで、冷暖房いらずの防災仕様を実現！

後述の耐震化を行う場合、ぜひやっておきたいのが「断熱施工」です。とくに、建築基準法が改定された1981年以前の古い家屋（全住宅の約4割）は壁や床に断熱材が入っていないことが多く、災害でエアコンなどが使えなくなると夏の暑さや冬の寒さがいっそうつらくなってしまうからです。

この断熱の工事は、ポイントさえ押さえておけばDIYでも簡単です。そのポイントとは、「すき間をあけずに断熱材を充填する」こと。せっかく断熱材を施工しても、すき間があればそこからどんどん空気が流れてしまって、断熱効果が大きく低減してしまいます。逆に、しっかりした断熱施工ができれば、災害時に役立つだけでなく、普段の暮らしもウソのように快適になります。我が家も断熱にはかなりこだわり、夏でもほとんどエアコンいらず、冬も半袖1枚でポカポカに過ごせる快適空間を実現しています。

断熱材にはいろいろな種類がありますが、DIYで扱いやすいのはグラスウールやロックウールといった軟らかい「繊維タイプ」。これらはカッターナイフで容易にカットできて、タッカーだけで簡単に施工できます。ホームセンターで比較的安価に買えることもメリットでしょう。一方、床用の断熱材は、限られた厚みでも断熱性に優れる「ボードタイプ」がお勧めです。多少価格は高くなりますが、床下からの湿気に強く、万一浸水しても再使用できることもメリットです（143ページ）。いずれの断熱材も、「厚みがあるほど断熱性が高く」なります。各断熱材メーカーでは、地域や使用部位ごとに適正な断熱材の厚みをウェブサイトなどで公開しているので参考にしてみましょう。ちなみに、我が家の場合は壁や天井に100㎜の繊維系、床に60㎜のボード系の断熱材を入れていますが、これで必要十分だと感じています。

さて、ここまで書いてきましたが、じつは、もっと簡単かつ即効性の高い断熱DIYがあります。それは「窓を断熱化すること」です。建物の熱損失の約50％は窓などの開口部からなので、ここを断熱化することで一気に家が快適になるのです。窓を二重サッシにするのが一番効果的ですが、断熱性に優れる「ポリダン（段ボール状のポリカーボネート製のパネル）」で内窓を作る方法なら格安で断熱化できますし、カーテンを厚手のものに交換するだけでも効果があります。

防災メモ　ポリダンに似た「プラダン」もありますが、ポリダンのほうが圧倒的に耐久性に優れています。

一番簡単な「ポリダン」での窓の断熱化

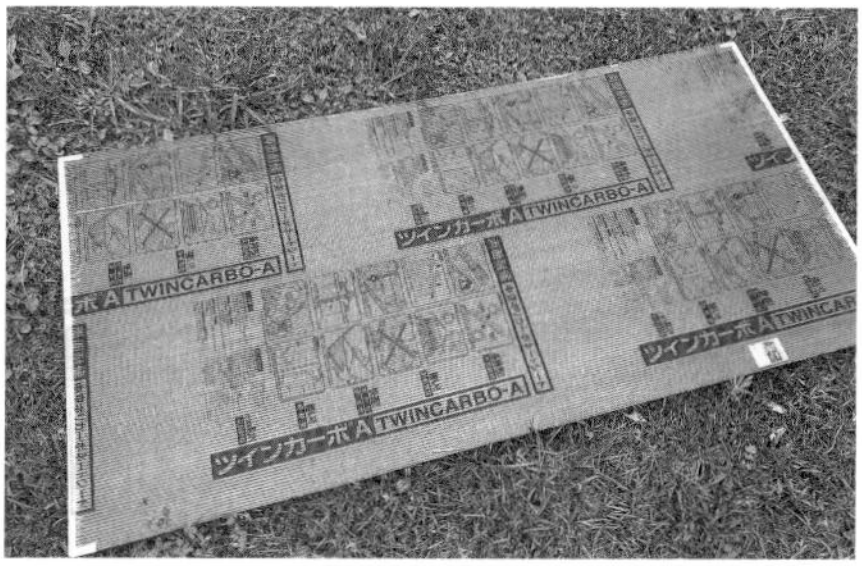
ツインカーボA TWINCARBO-A

ポリダン（ツインカーボ）は断熱性に優れ、ハンマーで思い切り叩いても割れない強度もあるので、これを内窓にするだけで断熱&耐風の効果が期待できます。価格は 1,820 × 910㎜で 2,500 円ほど。

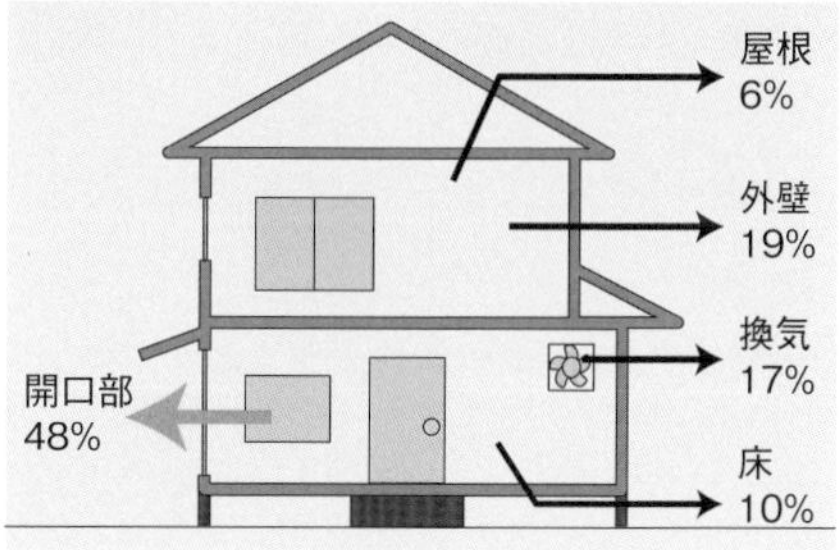
屋根
6%
外壁
19%
換気
17%
床
10%
開口部
48%

図は冬の暖房時の熱流失の割合です。これからも明らかなように、室内の熱の半分ほどは窓などの開口部から逃げています。ここを断熱化することで、被災時にも快適に避難できる家になります。

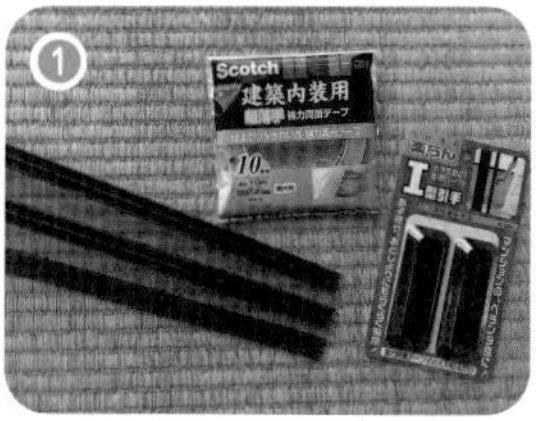
①

ポリダンを収めるには「窓レール」が便利。長さ 1.8 mのレールが 1 本数百円で売られています。

②

建具枠内側の上下幅の長さを測り、同じサイズに窓レールを金ノコでカットします。

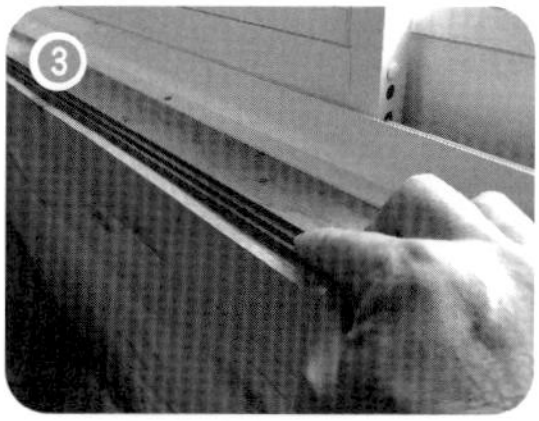
③

窓レールを両面テープで建具枠に貼り付け、縦レールは上下のレールの厚み分だけ短くします。

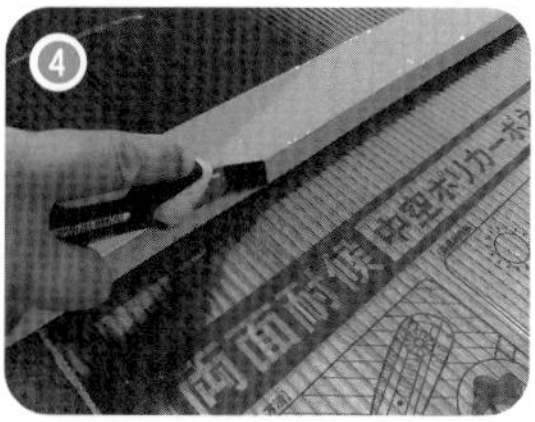
④

レール同士の内側の長さを再度計測し、その長さでポリダンをカッターナイフで正確にカットします。

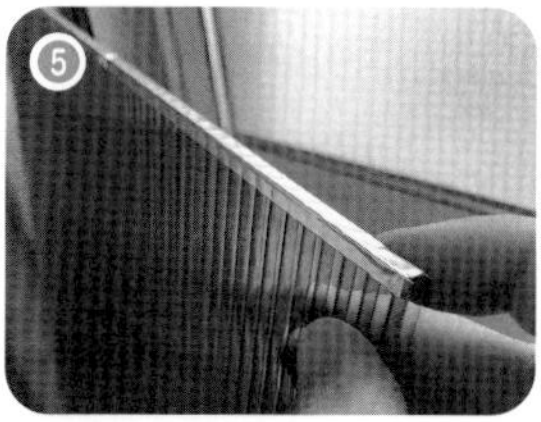
⑤

ポリダンの切り口をアルミテープで密封します。これによって、断熱効果が格段に向上します。

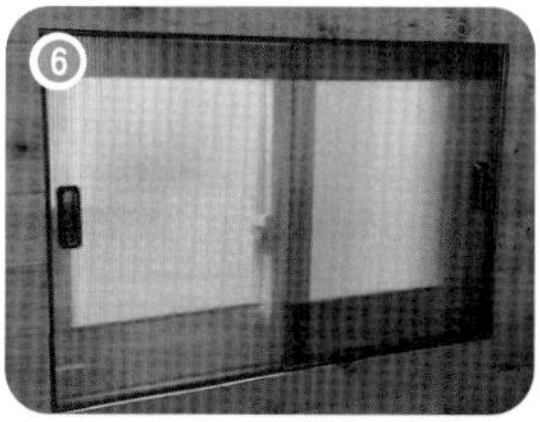
⑥

レールにポリダンをはめて、あっという間に完成！ 専用の取っ手も両面テープで貼り付けできます。

こちらは掃き出し窓で、ポリダン自体にも枠を付けた例です。DIY する場合は、ポリダンと窓レールがセットになった製品を入手すると作業が簡単になります。

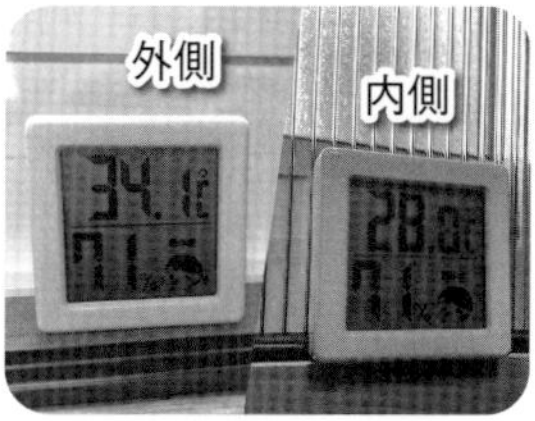
外側
内側

実際に内側と外側の気温を測ったところ、なんと 6℃の差がありました。快適な自宅避難に、ぜひ！

防災メモ 上記の方法なら家を傷つけないので、賃貸住宅でも行えます。

断熱リフォームのポイント

繊維系

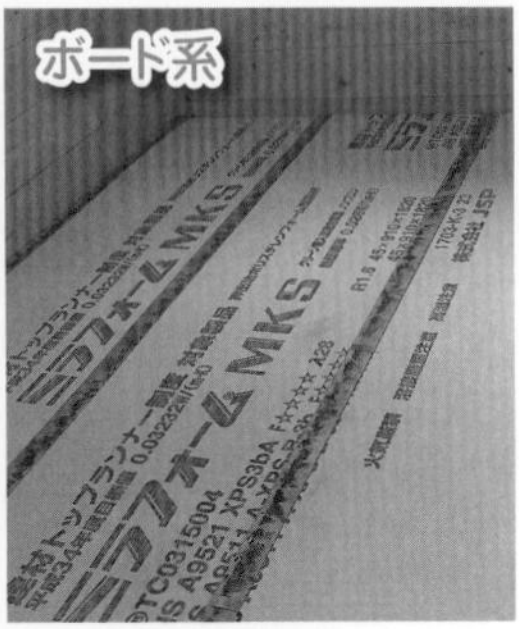
ボード系

【断熱材は2種類を使い分ける】

壁や天井に納めやすいのは繊維系の断熱材。「グラスウール」は、以前は肌に触れるとチクチクしたものですが、現在の商品は肌に優しく施工しやすくなっています。高性能タイプなら断熱性にも優れています。床には「スタイロフォーム」などのボード系が、断熱性も高くてお勧めです。いずれの場合も、断熱材の厚みは各メーカーのウェブサイトの基準を参考にしてみましょう。

【繊維系はきつく押し込まない】

グラスウールなどの繊維系の断熱材を充填するときに、無理矢理押し込んでしまうのはNG。断熱材は適度に空気を内包した状態でこそ効果を発揮するので、作業が面倒でもスペースの広さや形状に合わせてカットしてから充填しましょう。

【「すき間」を作らない】

断熱施工の鉄則は、外気に接する面をすき間なく覆うこと。とくに、天井と壁、壁と床との接点（図の円内）はすき間ができやすいので注意しましょう。狭いすき間には、断熱材の端切れを詰めるといいです。

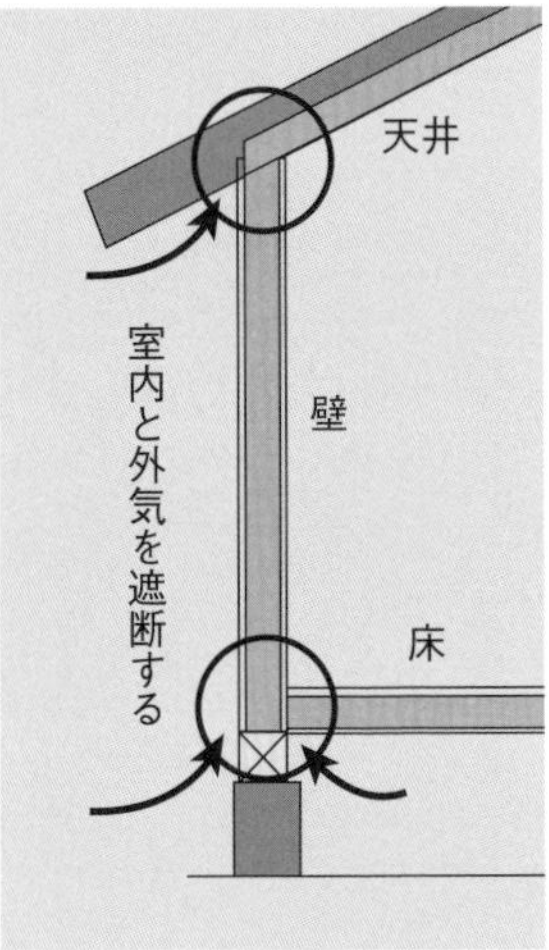
天井
室内と外気を遮断する
壁
床

ワンポイント・アドバイス

「断熱塗料」も効果的！

「塗るだけで断熱化できる！」。宇宙工学を応用したそんな夢のような「断熱塗料」が登場してからずいぶん経ちました。現在、その効果は実証されて、さまざまな断熱塗料が各社から登場しています。価格が高いのが難点ですが、夏の日射しをやわらげる目的の「遮熱塗料」なら、シリコン塗料より少し高いぐらいで買えます。

我が家のガルバリウム屋根にも塗装してみましたが、たしかに夏の暑さが緩和されたので一定の効果はあると思います。

屋根や壁に塗るだけで簡単に家を断熱化できるので、DIYでチャレンジするのもお勧めです。

防災メモ　これらの断熱化によって建物は「低燃費」な家となり、日常の光熱費も節約できます。

断熱工事のDIYにチャレンジ！

ボード系の断熱材を根太などの間に入れるときは、断熱材を受けるための専用の金具を根太に留めておきます。

根太の内側寸法にピッタリの断熱材ならそのまま、大きければカッターナイフで切って充填。根太と断熱材の上面を合わせます。

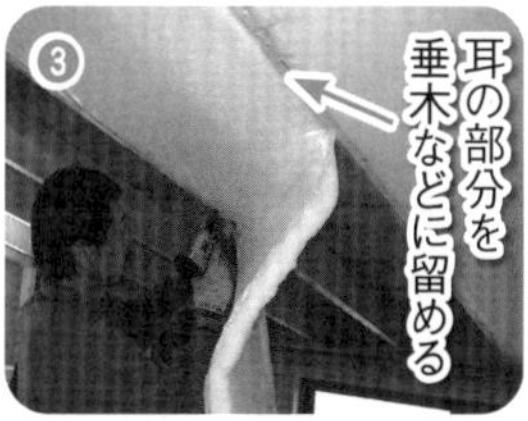

繊維系の断熱材を間柱や垂木などに充填する場合は、端に付いている耳の部分をタッカー（ホッチキス）で留めます。

開口部を除くすべての壁面、床、天井にすき間なく充填しましょう。壁にコンセントボックスや換気口などがある場合は、その部分だけ断熱材をカッターナイフで切り抜き、すき間なく納めることが大切です。

この後、間柱や垂木などに両面テープで内部結露防止用の防湿シートを張り、最後に好みの材料で壁や床を仕上げます。

ワンポイント・アドバイス

3種類の「カーテン」で断熱化

DIY断熱で意外と効果的なアイテムが、「カーテン」です。夏は強い日射しを防いで部屋が暖まるのを緩和してくれますし、冬は窓から熱が逃げるのをある程度遮断してくれます。カーテンは生地が厚いほど、まだヒダの数が多いほど高い断熱効果を期待できます。

南向きの大きな窓は、夏の室温を上げる大きな要因になりますので、その外側に「サンシェード（オーニング）」や「すだれ」「よしず」などを張ると効果的です。

もっとエコにやるなら、「緑のカーテン」を育てるのもいいでしょう。メッシュパネルや網などにツル性植物を絡ませるだけで、夏の日射しを優しく遮ってくれます。アサガオやヘチマ、ゴーヤといった夏に生長する植物を選べば、冬は葉が落ちて暖かな日射しを遮りません。

ゴーヤやヘチマなどの野菜でグリーンカーテンを育てれば、非常食にもなって一石二鳥です。

 防災メモ すべての部屋を断熱化するのが大変なら、よく使う部屋だけ断熱化するだけでも効果的です。

DIYで自宅の「耐震性能」を高める

リフォームと一緒にやれば、費用も浮いて一石二鳥！

室内の地震対策を万全にしても、建物自体が地震に弱いといざというときに不安です。ここでは国内で一番多く見られる木造住宅を中心に、耐震性向上の方法を紹介します。耐震工事には平均で150万円ほどの費用がかかりますが、予算の範囲内で段階的に耐震化していくのも方法ですし、DIYで耐震化できれば工費も安くあがります。

まず大前提として、自分が住んでいる家に耐震工事が必要かどうかチェックします。具体的な目安になるのが、建築基準法が大改定された1981年6月以降の「新耐震基準」によって建てられたかどうか。この新耐震基準は、「震度6〜7程度の地震で倒壊・崩壊しないこと」とされていて、直近の大震災である熊本地震で倒壊した多くは新基準以前の古い建物だったことが検証されています。さらに、2000年にも木造住宅の耐震基準が見直され、接合部への金具の取り付けや偏りのない耐力壁《たいりょくかべ》の配置などが義務化されました。

築年数を参考にする以前にも、壁の一部が傷んでいたり、家の規模に対して壁が少ないなど、明らかに強度が不安なケースがあると思います。最終的な判断は素人では難しいので、専門家に「耐震診断」をお願いするといいでしょう。管轄の役所の建築関係の部署に相談すれば、地域の業者を紹介してくれますし、多くの自治体で補助金を支給しています。

耐震性を高める4つのポイント

実際に住宅を耐震化する方法としては、以下の4つが重要なポイントになります。

1、「屋根」を軽くする。
2、「耐力壁」を補強する（バランスも考慮）。
3、構造材の「接合部」を補強する（金物など）。
4、「基礎」を補強する。

まず1ですが、一般に建物の屋根は軽いほど耐震性がアップすることが明らかになっています。そして、重い屋根材の代表と言えば「瓦《かわら》」です。古い住宅で屋根が瓦の場合、たとえばガルバリウム鋼板などの軽い屋根材に交換するのが耐震化の有効な手段として知られています。

防災メモ　一般に、鉄筋コンクリート住宅や鉄骨造のマンションは、木造住宅より耐震性に優れています。

こんな家は早めに耐震診断を！

過去に大きな地震を経験した

建物は一度大きな揺れに遭うと、接合部が弱くなったり、壁内に亀裂が入ったりします。その状態で２度目の揺れを受けると、倒壊の恐れがあります。

築年数が古い！

1981 年以前の住宅だけでなく、2000 年以前の家も大地震では倒壊の恐れがあります。とくに、2階建て以上の木造住宅は耐震診断を受けましょう。

１階部分に壁が少ない

古い家屋でありがちなのが、屋根が重く、それを支える耐力壁が少ないケース。とくに、2階外壁の直下に１階の壁がない場合は揺れには不安です。

家の一部が傷んでいる

土台や壁の一部に傷みや腐れがあれば、家全体が弱っている恐れがあります。また、過去にシロアリの発生があった場合も要注意です。

ワンポイント・アドバイス

新築時の「1.5 階」という選択肢

建物の耐震性を誰でもわかりやすくした指針として「耐震等級」があります。これは１～３の等級に分けられ、等級３の建物は新耐震基準の 1.5 倍の耐震性になるように構造計算して建てられています。しかし、建築基準法の特例で多くの木造２階建ては構造計算が免除されている現実もあって、とくに中小の工務店では等級の取得に消極的なようです。数年前に建てた我が家も、等級は取得していません。

そこで、建物をより強くするために考えたのが「1.5 階の家」です。普通の建物の２階をロフト＝屋根裏部屋として使う作戦ですが、単純に家の高さを低くすることで耐震性や耐風性が向上し、メンテナンスもしやすくなりました。建築費も安くなるので、これから新築を考えているならぜひ検討してみてください。

2階は勾配天井になっていて、高いところで2.7 mあるので意外と開放感があります。

防災メモ　構造計算とは、建物が地震や風、積雪などの荷重にどれぐらい耐えられるかを算出することです。

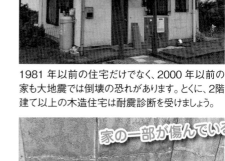

2の耐力壁というのは家の重量を支え、地震や風で建物が水平方向へゆがむのを防ぐための壁です。1981年以前に建てられた住宅、とくに木造軸組み構法の家の場合は耐力壁が不足しているケースが少なくないので、新たに構造用合板を張るなどの方法で補強することが必要です。

3は、とくに柱と梁で構成される「木造軸組み構法」の場合で、材料の接合部が大きな揺れで外れないようにホールダウンなどの「金物」で補強する方法です。壁に内蔵するタイプの金物だと壁を撤去する必要がありますが、壁を壊すことなく作業できる外付けタイプもあります。

4は、主に鉄筋が入っていない基礎の補強として、鉄筋入りの基礎を添えるように補強する方法があります。ただし、DIYでは難しいのでプロに任せるのが無難でしょう。

以上の耐震化をすべて同時進行できれば理想ですが、一般的には耐力壁の強化を優先する家が多いようです。なお、1981年以前の古い木造住宅の場合、自治体から100万円以上の補助金が支給されるケースもあります。

DIYで耐震化する方法

耐震工事は、建物全体のバランスを考慮することが大切です。たとえば、耐力壁を強化すると家の耐震性が強まることで、逆に弱い部分（耐震化していない柱のホゾなど）に力が集中して破損につながるケースがあります。これは、一部の部屋だけ耐震化した場合も同様です。こうした耐震化計画は専門知識が必要になりますので、DIYでやる自信がなければ迷わずプロの業者に依頼しましょう。

その一方、多少なりともDIYの知見がある人なら、自分でできるところを耐震化するのも有効です。とくにシンプルな形状の家で、将来的にリフォームを予定しているなら、壁をはがしたときに耐震化すれば無駄もありませんし、確実に工費を安くできます。

DIYで耐震化しやすいのは、次ページから紹介する耐力壁の強化と59ページの屋根の軽量化です。さらにくわしい方法については、私が書いた『小屋大全』（山と溪谷社刊）をぜひ一読してみてください。屋根の張り方や耐力壁、接合部の補強などを細かく説明しているので、耐震&耐風化の工事にも参考になると思います。業者にお願いする場合でも、工事の内容やバリエーションを知っておくことで、より具体的な相談・提案をしやすくなるはずです。

なお、自分で工事を行う場合は、すべてが自己責任になります。とくに、高所作業をするときには落下などの事故に十分に注意してください。

DIYでできる耐震化❶……耐力壁を強化する

筋交い＝お勧め度★☆☆　　面材＝お勧め度★★★

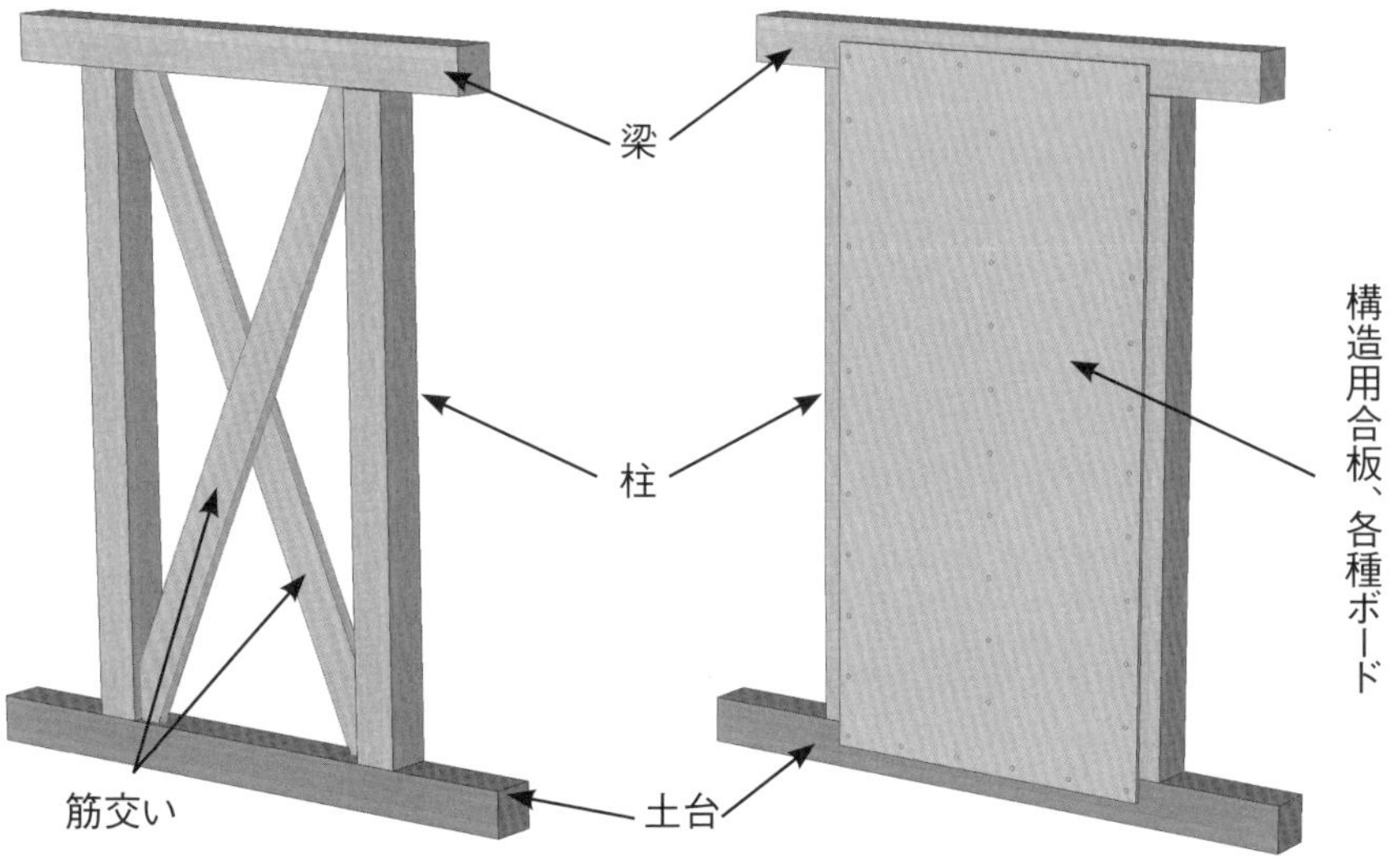

耐力壁を強化するには「筋交い（すじかい）」を入れる方法がありますが、筋交いで的確な強度を得るためにはそれなりの知識と技術が必要です。そこでお勧めなのが、構造用合板や構造用のボードなどの「面材」を張る方法。柱と土台、梁などの横架材を覆うように面材を張り、必要量のクギで留めていくだけで高い剛性を確保できます。DIYに慣れた人なら、比較的簡単に作業できるでしょう。

ボード系の面材は湿度によってわずかに伸び縮みするので、2～3㎜の間隔をあけて張ります。

耐力壁用の面材としては構造用合板が定番ですが、さらに強度に優れるのが❶の「ハイベストウッド」、❷の「モイス」などといったボード系の面材です。透湿性に優れるタイプなら結露対策にもなります。

外壁に面材を張ったときは、さらに防水透湿シートを張ることで、雨仕舞いを向上させます。

クギ打ちの間隔は、面材の周囲が100㎜、間柱に打つ位置は200㎜程度が目安。

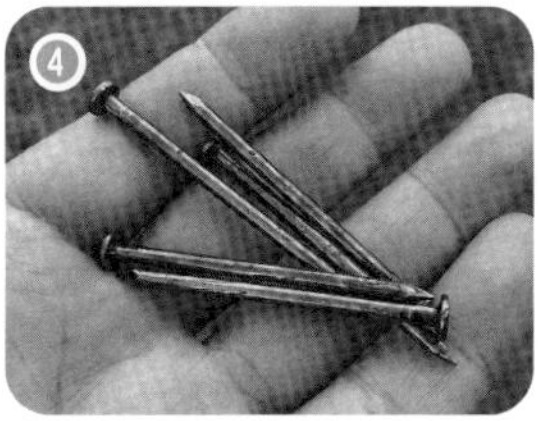

使用するクギは、太めで強度に優れたCN（コモンネイル）の50㎜か65㎜を使用します。

防災メモ　上記では外壁側の補強をしていますが、47ページのように室内側から補強することも可能です。

DIYでできる耐震化❷……接合部を金物で補強する

【羽子板ボルト】

主に柱と梁の接合部に使われる金物。基本的にボルトを利用して取り付けますが、経年でボルトが緩む場合があるので、その場合はしっかり締め直します。我が家ではボルトが室内に見えている状態にして、定期的に増し締めしています。

【ホールダウン金物】

柱の接合部の引き抜きを防止する金具。ボルトで取り付けるタイプが強力ですが、リフォームで後付けするなら構造用の90㎜ネジで留めるタイプが使いやすいでしょう。価格は、1個数百円ほどです。

【カド金物】

柱と土台、横架材を接合する金物。材厚が0.6㎜程度なので、この上から耐震用の構造用合板やボードを張ることができます。金物は亜鉛メッキの65㎜クギか構造用の45㎜ネジでしっかり留めます。

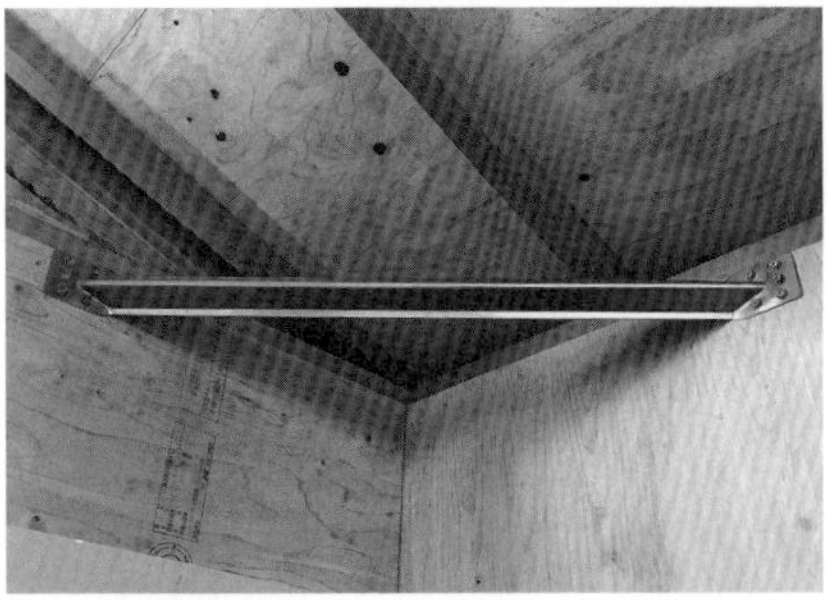

【火打ち金物】

主に2階床の水平剛性を高めるために梁と桁に取り付ける金具で、写真のように水平に入れるのが基本です。構造用の65㎜ネジなどで留めます。

【筋交い金物】

既存の壁にすでに筋交いが入っている場合、専用の金物を柱・梁、または桁・筋交いにそれぞれ構造用ネジでしっかり留めるのが安心です。

防災メモ　補強用の金物は、ネット通販で手軽に買えます。価格も、ひとつ数百円からとリーズナブルです。

《短期でやるなら「外付け」の耐震補強が◎》

耐力壁を強化するために壁を壊したくない場合、あるいは短期間で工事したい場合は「外付け」の耐震補強という手段があります。強度が弱くなりやすい掃き出し窓のある壁に鉄骨のフレームを取り付けたり、鉄骨の筋交い（ブレース）を渡すほか、基礎と柱を連結する外付けのホールダウンといった簡易的なタイプもあります。ただし、いずれも結構な価格になりますので、一度業者さんに相談してみることをお勧めします。

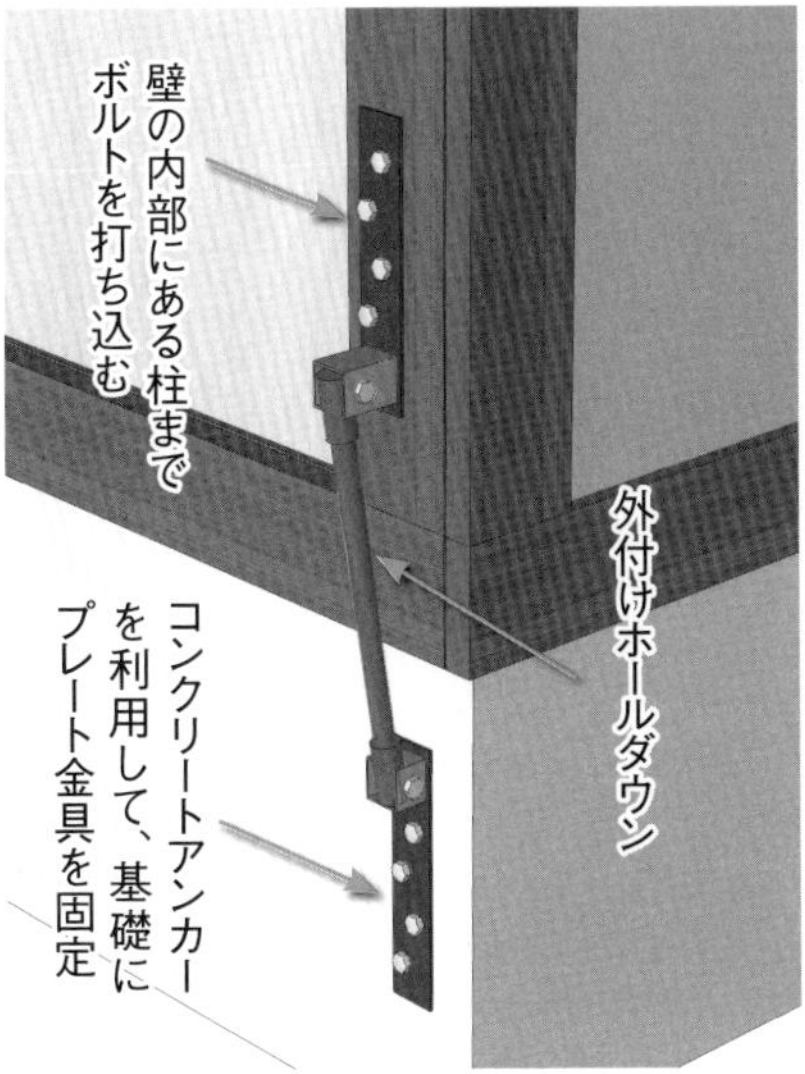

壁の内部にある柱まで
ボルトを打ち込む
外付けホールダウン
コンクリートアンカー
を利用して、基礎に
プレート金具を固定

【接合部の補強】

これは、基礎と柱を接合してホゾの引き抜きを防ぐための外付けホールダウン。壁をはがすことなく短期間で施工できるのが大きなメリットです。ただし、ひと組あたりの価格が数万円するので、家全体の耐震化にはそれなりの予算が必要です。

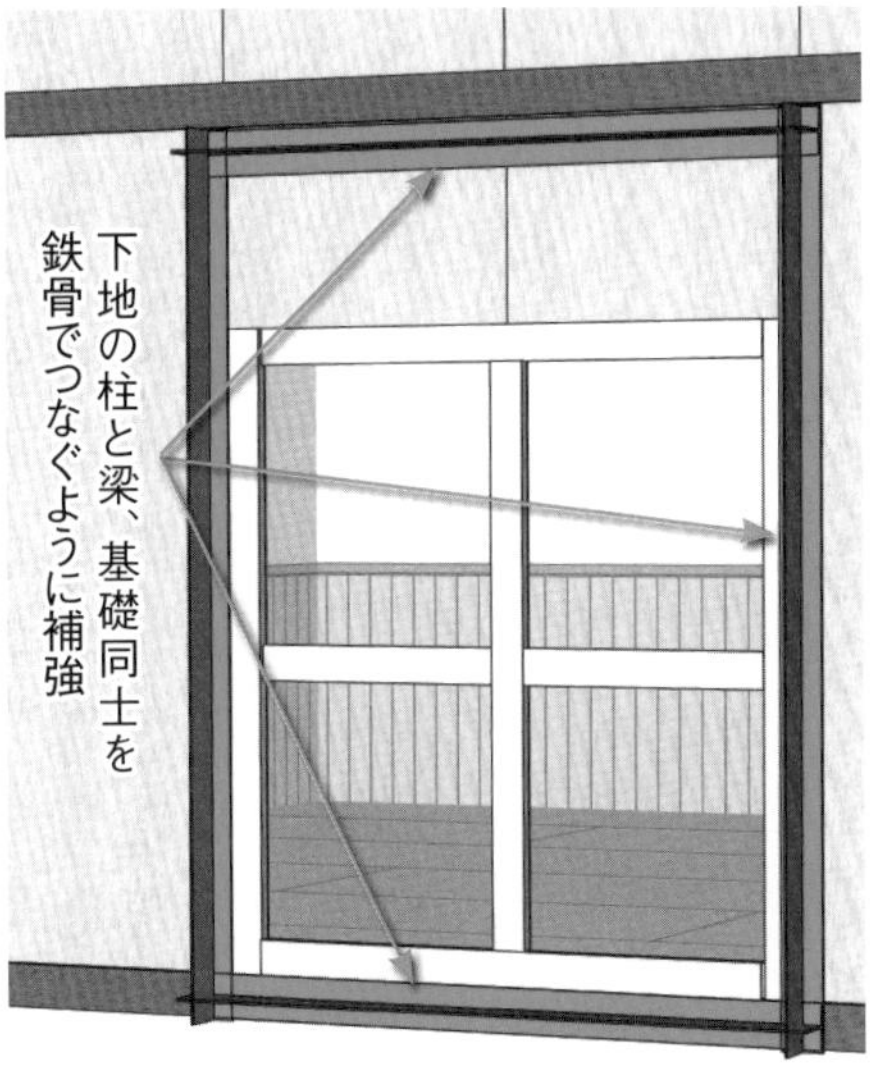

下地の柱と梁、基礎同士を
鉄骨でつなぐように補強

【掃き出し窓の補強】

掃き出し窓の周囲の柱や梁、基礎に鉄骨を配置した例。外付けならではの施工性のよさがメリットです。鉄骨の代わりに木材で補強するスタイルもあります。木材だと強度を確保するためにボリュームが多めになりますが、DIYでも施工しやすいのがメリットです。

外付けは、壁をはがさなくても
補強できるのが大きなメリット。
頑張ればＤＩＹでやれそうだ！

ワンポイント・アドバイス

補助金の支給について

たとえば耐震補強をする場合、補助金を受けるにはいくつかの条件をクリアする必要があります。各自治体によって多少異なりますが、「1981 年までに建築確認を受けた、2階建て以下の木造軸組み構法の住宅」が条件になることが多いようです。要するに「新耐震基準に満たない住宅は積極的に助成します」ということですね。

また、自治体などが実施している耐震診断を受けて、一定以上の強度レベルになるように補強工事することも条件になります。このレベルについては自治体ごとに判断が異なりますが、最大で 100 万円前後の補助金を受けることができます。

防災メモ　外付けの補強では、ハンマードリルなどの特殊な工具が必要になる場合があります。

DIYで自宅の「耐風性能」を高める

屋根の「軽量化」が効果的。軒の補強もお勧め！

2019年の台風15号では、千葉県だけで7万戸を超える家屋が全半壊・一部損壊しました。私が暮らす地域でも大きな被害があったのは、前述した通りです。

この台風では、屋根瓦や屋根ごと吹き飛ぶ被害が多かったのですが、損壊した家屋の多くは築年数の古いものばかりでした。昔の民家の瓦は単純に屋根に乗せただけでクギなどで固定していないため、超大型クラスの台風にはひとたまりもなかったのでしょう（一部、洋瓦やコロニアルも飛んでいました）。逆に、比較的新しい家屋の瓦はちゃんと固定されているので、今回の被害を免れたのだと思われます。

一方、私の家の屋根に使っている材料は「アスファルトシングル」というもので、今回の台風ではまったく無傷でした。前項の耐震化で「屋根を軽量化する」という説明をしましたが、日本同様に大型台風がやってくるハリケーンの国・アメリカで約80％のシェアを占めている屋根材が、このアスファルトシングルなのです。軽量で施工しやすく、しかも安価なのでDIY王国でもあるアメリカでは人気なのでしょう。施工方法は専用の接着剤とクギで留めていくだけなので、全然難しくありません。実際、我が家にある1階建ての小屋の屋根は、私たち親子と友人だけで張りました。ただし、簡単と言っても一般の人が屋根に上るのは非常に危険ですので、とくに2階建ての家の作業はプロに依頼しましょう。私も、2階建ての自宅は大工さんに作業をお願いしました。

屋根材以外の工事として、ぜひチェックしておきたいのが「軒裏」です。最近は軒がない家も多いですが、屋根が少しでも壁から飛び出ている場合、軒裏に猛烈な風が当たると、そこから屋根が吹き飛ぶ恐れがあります。とくに古い家屋では、屋根の下地材である垂木がクギで留めてあるだけのことが多いので、大型の台風に対してはかなり脆弱です。DIYでの対策としては、垂木と桁を金具でしっかり緊結してしまうのが手っ取り早いでしょう。軒天板をはがして金具を納めるので少々手間はかかりますが、台風で屋根ごと吹き飛ばされることを考えると絶対に施工しておくべきです。

もうひとつ台風対策として効果的なのは、「雨戸の後付け」でしょう。とくに、住宅密集地では他の家から何が飛んでくるかわからないので、やっぱり雨戸があると安心です。

防災メモ　建物の高所に上るときのハシゴの扱いは、136ページのようにくれぐれも慎重にしましょう。

DIYでできる耐風工事❶……屋根の軽量化

アスファルトシングルは、専用のクギと接着剤（シングルセメント）を併用して張っていきます。接着剤は缶入りのものをヘラで塗布するか、カートリッジタイプのものをコーキングガンで塗ればOKです。

屋根材は、耐風性や耐震性、防火性といった災害に強い「アスファルトシングル」が断然お勧めです。軽量、かつ材料費が安く、しかもカッターナイフで簡単に切れるので、DIYするにもピッタリです。

合板などの屋根下地材に、防水用のアスファルト・ルーフィングをタッカーで張り上げていきます。

軒先にセメントを塗布し、シングル材を張ります。クギはスリットの少し上に4～6本打っていきます。

2列目からはシングル材の有効幅である143㎜ピッチに、チョークラインで目印を打ちます。

シングル材を千鳥に張っていくため、1列おきに縦半分にカットしたシングルから張り始めます。

セメントは、クギの直上に点付けするように塗ります。コーキングガンを使えば子供でも楽勝です。

屋根の端でシングル材が半端になるときは、カッターナイフでギリギリにカットして納めましょう。

シングル材を棟まで張り上げてきたら、反対側の勾配もカバーするように防水テープを貼ります。

棟の部分はシングル材を3等分して、143㎜ピッチで横張りします。セメントは●の位置へ。

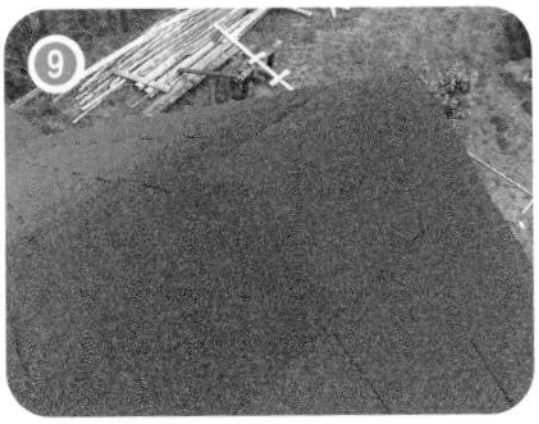

最後の1枚はクギが打てないのでセメントだけで張り、砂袋などの重しをして数日間圧着します。

防災メモ　アスファルトシングルのほか、ガルバリウムやステンレスなどの鋼板系の屋根材も台風に強いです。

DIYでできる耐風工事❷……軒下のあおり止め

1981年以前の古い建物では垂木をクギだけで留めていて、金具を使用していないことが少なくありません。軒天井の一部をはがしてみて金具がなければ、補強しておくのが無難です。

これが、垂木と躯体を緊結するための金具「あおり止め」。別名「ハリケーンタイ」と呼ばれ、アメリカでも多用されている金具です。サイズの違いや、左用・右用があるので、適宜使い分けましょう。

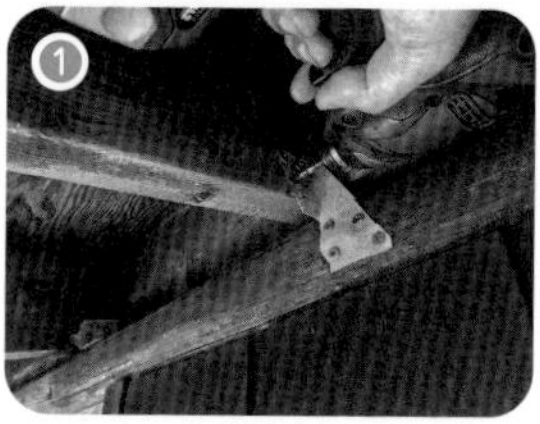

バールなどで軒天井を外したら、垂木と桁を連結するようにあおり止めをしっかりとネジ留めします。

すべての垂木にあおり止めを取り付ければ完璧ですが、1本飛ばしでもいいでしょう。

あおり止めがうまく収まらない場合は、このような補強用L形金具を使ってもOKです。

ワンポイント・アドバイス

「メンテナンス」で台風対策

台風災害で、とくに建物の屋根が損傷しやすいのは「メンテナンス不足」にも大きな原因があると言われています。屋根は雨風や紫外線などで経年劣化しやすい反面、どうしてもそれを見逃しがちです。屋根材のヒビ割れやズレ、留め具の緩み、サビといった場所があると、台風に襲われたときにそうした弱い部分から損傷が大きく広がってしまうケースが多々あります。

台風の被害を最小限に防ぐためにも、プロの業者に屋根の定期的なメンテナンスをお願いして、まめに損傷箇所を補修することをお勧めします。

どんな種類の屋根材でも、損傷部を補修することで台風被害を軽減できます。

カーポートの屋根も台風で損傷しやすいので、まめにメンテナンスしましょう。

DIYでできる耐風工事❸……雨戸の後付け

下地造り

あらかじめ、雨戸の戸袋を取り付ける位置の外装壁を取り外し、フラットにしておきます。私は、既存のサッシの外面にピッタリ合うように耐水ベニヤ（4㎜厚）をネジ留めして張りました。

材料一式

後付けの雨戸は、ホームセンターで売っていることもあります。私の場合、既存のサッシと同じ規格・サイズの雨戸セットを通販で購入しました。価格は、幅1,700㎜程度の掃き出し窓で３～４万円です。

①

まず、戸袋の枠を既存のサッシに連結するように、付属の専用ネジでしっかりと留めます。

②

同様に、既存のサッシ枠に雨戸用のレールを付属の専用ネジで取り付けていきます。

③

戸袋の外装板を枠のレールを利用して、スライドさせるように取り付けていきます。

④

外装板がうまく収まったら、板と枠同士をネジ穴をピッタリ合わせるようにしてからネジ留めします。

⑤

戸袋の中にサッシ側から雨戸を収め、その状態で入口側の枠を戸袋の枠にネジ留めします。

⑥

これで、雨戸の後付けが完了！　これでひとまず安心ですが、強烈な台風では雨戸そのものが吹き飛ぶこともあるので、念のため台風前には防水テープ（35ページ）で固定しておくといいでしょう。

台風で一番心配なのが窓だから、
雨戸は絶対あったほうがいいわね！

防災メモ　雨戸は断熱材入りの厚めのタイプを選ぶと、断熱性や遮音性の効果アップも期待できます。

私が「防災住宅」にこだわる理由

第1章では、自宅を「災害に強い建物」にするためのノウハウを紹介してきました。正直、一般的な防災の本と比較すると、かなり趣が違うと思います。でも、私自身が観測史上最大クラスの台風を体験したことで、「自分や家族を守ってくれる家」の重要性を痛感し、この考え方を読者の皆さんと共有しなければと思ったことが、本書を書くきっかけとなりました。

今回の台風では、私たちが暮らす地域で数多くの被害が出ました。屋根や壁が吹き飛んで全半壊した家も少なくありません。また、屋根の一部が損傷することで、雨漏りの被害に遭った家も多数ありました。私の友人のひとりは、室内の天井近くにブルーシートを張って雨漏りをしのいでいましたが、日々の暮らしはかなりのストレスだったそうです。そんな状況では、せっかく食料品や生活用品などを備蓄していても満足な暮らしは送れないでしょう。しかし、圧倒的な職人不足もあって、友人の家が修理できたのは被災から半年以上経ってからです。なかには、修理を待ちきれず、自分で応急処置をする家主さんもいました。私も、知人宅の破損した屋根に上って修理を手伝いましたが、周囲の家々の多くがブルーシートに覆われている光景に気が遠くなる思いでした……。

あれから1年近く経った2020年8月現在、ブルーシートの光景はほとんど変わっていません。業者不足がまったく解消されておらず、修理待ちは5年以上と予想されているのです。今後も災害が増えそうな現代では、もはや災害で壊れた家を修理するという発想ではなく、「どんな災害にも強い家を実現すること」が大切になってくると思います。

建物の強化には費用かかりますが、修理にはもっと多額のお金がかかります。壊れた家を直すのではなく、災害で壊れない家の実現が大切です。

第2章 災害で役立つライフラインの自給自足

自宅避難を実行するなら非常用電源や生活用水の確保、トイレ対策なども必須だろう

防災用に絶対に備えたい「非常用電源」とは？

モバイルバッテリーから自動車による発電方法まで

突然、家の中が真っ暗になる「停電」。私たちが台風災害で一番困ったのは、約2週間にも及ぶ長期停電でした。台風が過ぎ去った翌朝、近所のあちこちでなぎ倒された電柱の残骸を見て、電気というライフラインの脆弱さを痛感し、その後、自分たちがいかに電気に頼り切った暮らしをしていたのかを思い知らされる事態になったのです。

当然ですが、照明や冷蔵庫、洗濯機などは使えないですし、トイレの水も流せません（後から乾電池で作動することに気づきましたが……）。「被災時にぜいたくを言うな」と怒られそうですが、日頃から田舎で自給自足に近い質素な暮らしをしている我が家にとっても、長期の停電は想像以上につらいものがありました。電力会社が発表する復旧予定もコロコロ変わって不安でしたし……。そんな状況のなか、最高に役立ってくれたのが、「非常用の電源」だったのです。

電源の種類は、モバイルバッテリーやエンジン式の発電機、ポータブル電源、ソーラーバッテリーなどのほか、自動車も電源として活用できます。今回、我が家ではそれらのすべてを使う機会がありましたので、それぞれのメリット・デメリットを次項以降で解説していきたいと思います。

自宅避難では多少なりとも電気が使えると大幅にストレスが低減しますし、体調維持の面でも多大なメリットがありました。状況によっては、1カ月以上の停電もあり得る昨今の災害。必要最小限の電源をできれば複数個、確保しておくことを強くお勧めします。

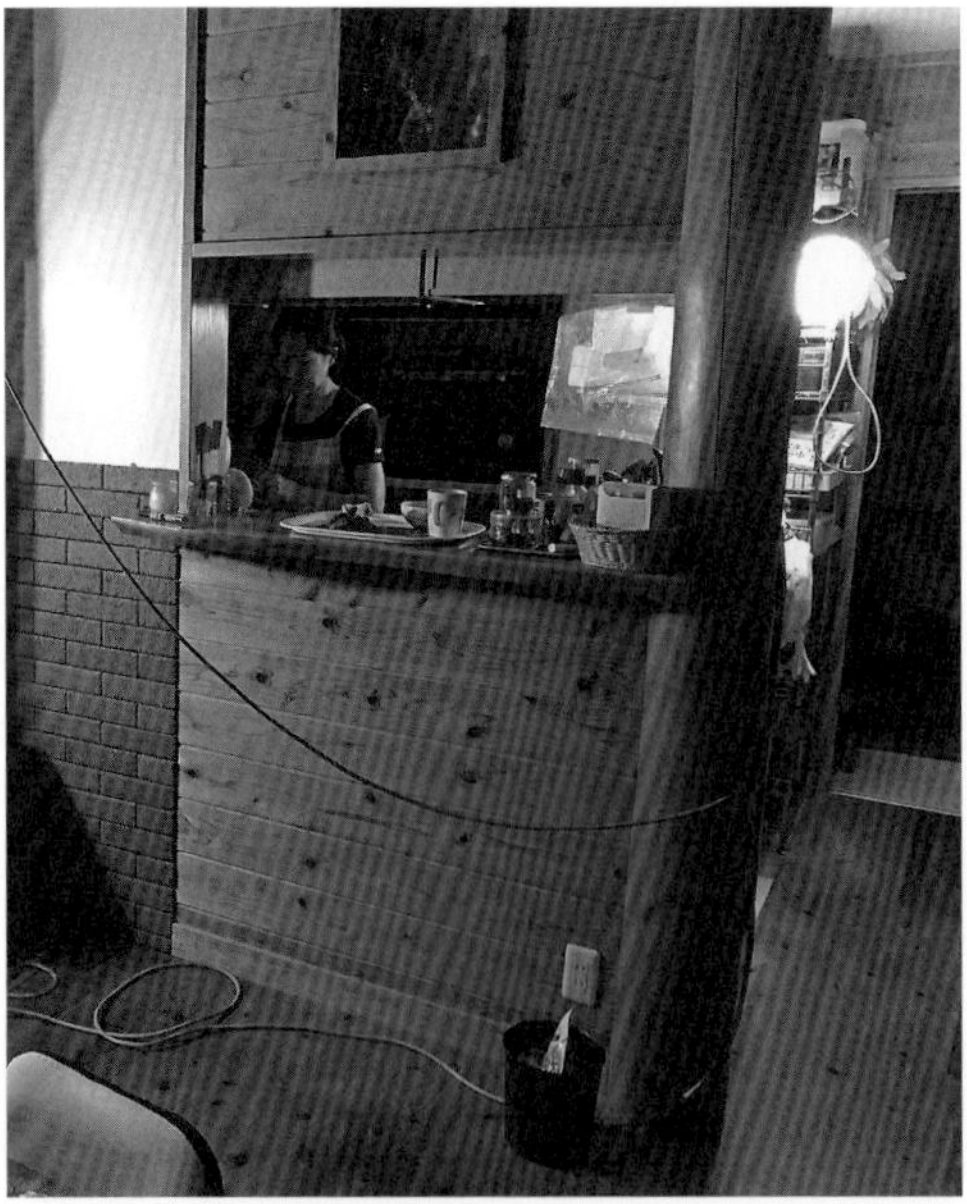

停電になっても、非常用電源があればスマートフォンの充電はもちろん、照明機器やエアコン、冷蔵庫なども使えます。

防災メモ　東日本大震災では広範囲で停電となり、すべての地域が完全復旧したのは約３カ月後でした。

《非常用電源の種類と特徴》

種類	価格	特徴	適応機器
モバイルバッテリー	2,000 ～ 8,000 円	普段からも活用できるので、ぜひ用意したいアイテム。容量は 20,000mAh あれば、3日間使える余裕があります。日頃の充電を忘れずに！	スマートフォンの充電、LED照明など
乾電池充電器	1,000 ～ 2,000 円	リーズナブルで、乾電池のストックがある限り活用できるのがメリット。ただし、廉価品にはフル充電できないものもあるので注意しましょう。	
エンジン発電機	3 万～ 15 万円	ガス式とガソリン式があり、燃料さえあれば使い続けられるのがメリット。ただし、騒音と排気があるので都市部では使いにくいのが難点です。	スマートフォンの充電、各種照明、一般家電（冷蔵庫、洗濯機、エアコンなど）
ソーラーバッテリー（ベランダ発電）	3 万円～	ソーラーパネルとバッテリーを組み合わせたクリーンな電源。騒音も排気もゼロなので、都市部でも使いやすい。DIY で自作することもできます。	
ポータブル電源	2 万～ 15 万円	近年、非常用電源として人気の注目株。こちらも騒音、排気がないので、都市部の住宅やマンションの非常用電源にお勧めです。	
自動車（電気自動車）	数十万円～	電気自動車なら理想ですが、フルスペックの車種だと約 500 万円と高額。普通の自動車でも、インバータなどの工夫次第で電源として使えます。	

ワンポイント・アドバイス

日頃からの「節電ライフ」を考える

これは東日本大震災のときにも多くの人が感じたことだと思いますが、そもそも日頃の生活で電気を使いすぎていることはないでしょうか？

停電時には、たとえパワーのある非常用電源があっても使用できる電気の量は限られます。逆に言えば、普段から節電を心掛けていれば、停電時でもそれほどストレスはたまりません。日頃から節電を心掛け、ときどきエアコンの代わりに扇風機を使ってみるとか、お米を鍋で炊いてみるとか、そんなライフスタイルを練習の意味で取り入れてみてはいかがでしょうか？

節電ライフを心掛けることで、いざ災害というときでも心のゆとりを持つことができます。

「モバイルバッテリー」は大容量タイプがお勧め

短期間なら、乾電池式のバッテリーも便利

手軽に使えてリーズナブルな電源といえば、「モバイルバッテリー」でしょう。被災時にはリアルタイムの情報を得られるスマートフォンがとても便利ですが、その充電のためにもモバイルバッテリーは必需品です。また、被災地には支援物資として乾電池が供給されることが多いので、「乾電池式の充電器」も意外に役立ちます。

短期の停電なら、これらのアイテムと照明用のライトを備えておくだけでも必要十分です。実際、我が家でも最初の数日間はモバイルバッテリーだけで過ごしていました。

非常時用としてのモバイルバッテリーを選ぶ一番の基準になるのが「パワー＝容量」です。携帯に便利なのは10,000mAhまでの小型軽量タイプですが、非常時には20,000mAh程度の容量が欲しいところ。これなら、3日間ほどの充電が可能になります。

ちなみに、充電器には手回しタイプもあって我が家でも試してみましたが、手回しが結構大変なのと、充電にかなりの時間がかかるので活用しにくかったです。

《モバイルバッテリーの選び方》

普段使い用の小型タイプのほかに、20,000mAhほど（ワット数でいえば74Wh程度）の大容量タイプもあれば数日間の充電に活用できます。また、出力ポートが2個以上あるタイプなら、家族でスマートフォンを同時充電するときに便利です。もちろん、その分の充電ケーブルも用意しておきましょう。なお、モバイルバッテリーは使用しなくても1カ月で10%ほど放電してしまうので、定期的に充電しておくことを忘れずに！

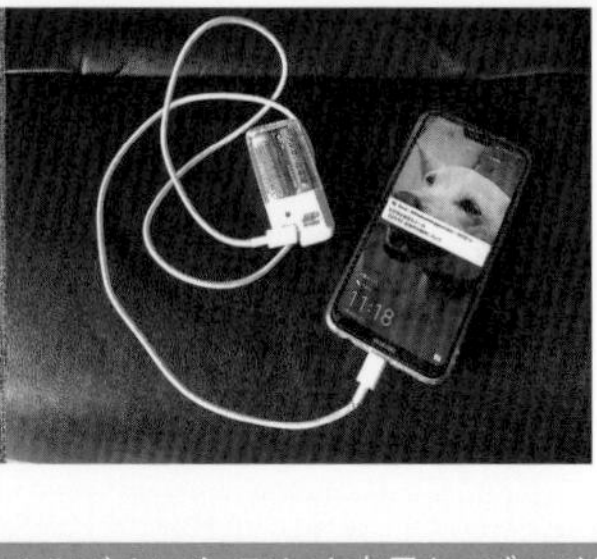

モバイルバッテリー自体を充電できないときに役立つのが、乾電池式の充電器。ただし、廉価品だとフルに充電できないものがあるので、信頼できるものを選びましょう。

防災メモ　家族がいる場合は、全員分のモバイルバッテリーと充電ケーブルがあるのが理想です。

「エンジン発電機」を安全、かつ賢く使う方法

長期の停電を乗り切るためのマストアイテム

モバイルバッテリーも便利でしたが、停電が長引いてくると容量の小さなバッテリーだと明らかに力不足になってきます。そして、電気の復旧までさらに1週間以上かかるとの情報で、停電から3日目に決断したのが「発電機」の活用です。

さいわい、東日本大震災のときに入手した発電機が倉庫に眠っていたので、久し振りに引っ張り出してみました。薪割り機用に備蓄していたガソリンを入れ、さっそくエンジンをかけてみると問題なく始動。これでスマートフォンの充電はもちろん、照明や冷蔵庫、洗濯機も使えます。とくに、被災時は暑い時期でしたので、冷蔵庫（冷凍庫）を使えたのが非常に役立ちました。凍らせたペットボトルや冷えた野菜サラダなどを、電気が止まったご近所の高齢者に配ると毎回大喜びされました。湯沸器と発電機をつなげば（断水してなければ）お風呂も沸かせますし、電気コントローラー式のトイレや温水便座も普通に使えます。そして、高温になる昼間の数時間だけエアコンの冷房を使えたことも、家族の体調を整えるのにとても役立ってくれました。

ガソリン発電機のメリットとデメリット

そもそも、発電機を見たことがない人もいると思いますが、たとえばオフィス街のキッチンカーなどで「ドッドッドッ」と重低音を響かせて電源として使われています。

発電機にはカセットコンロでもおなじみのガスカートリッジを使うタイプと、前述のガソリンタイプに大別されます。我が家ではその両方を所有していて、最初は「ガス式」を使っていました。ガスカートリッジは備蓄に便利なのでこのタイプを勧めている防災本もありますが、わずか1時間足らずで燃料切れになるので、大型の冷蔵庫を冷やすのは難しかったです。

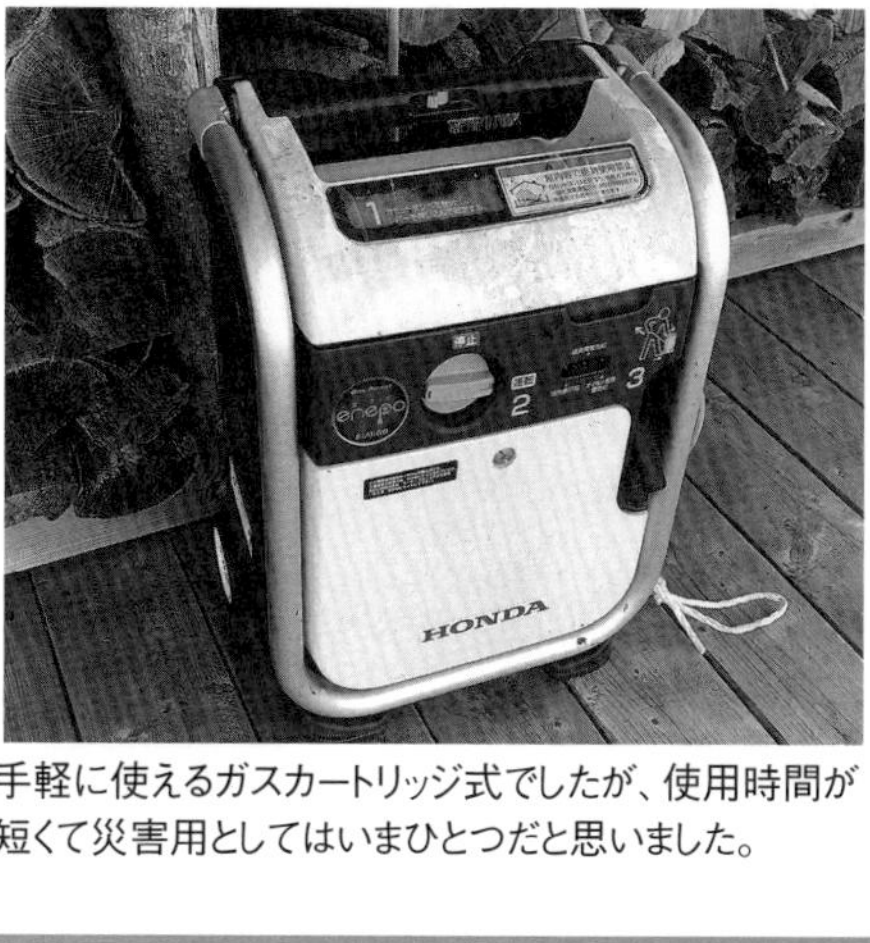

手軽に使えるガスカートリッジ式でしたが、使用時間が短くて災害用としてはいまひとつだと思いました。

防災メモ　ガスカートリッジは長期保存に向いているので、その点のメリットは大きいと思います。

その点、「ガソリン式」はパワフルで、燃料を満タン（約4ℓ）にすると8時間ほどの連続運転ができて大活躍でした。出力は1,500W（VA）もあれば、前述の家電のほかエアコン（100V）だって使えます。そして、これらの家電やパソコンを使う場合は、「正弦波が使えるインバータタイプ」の発電機をお勧めします。非インバータの発電機は安価ですが、家電が使えなかったり故障の恐れがあります。

一方、ガソリン発電機の最大の欠点は、「騒音」と「排気」があること。もちろん室内だと使えず、今回は庭の倉庫に置いて自宅まで延長コードを引いて使ってました（どのタイプの発電機でも、「延長コード」は必需品です）。これでは、都市部の家やマンションなどでは使いにくいですね。

結論として、ガソリン発電機は郊外の一戸建てに暮らしていて、多少なりともエンジン機械を扱える家庭にお勧めのアイテムと言えるでしょう。

発電機で電気製品を賢く使う方法

発電機の使い方については、取扱説明書の順序に従えば迷うことはないと思います。むしろ注意したいのは、発電機に接続する電気製品の使い分けです。

通常、電気製品は種類によって消費電力が違ってきます。たとえば、パソコンやテレビなどの消費電力は200～300Wぐらいと少なめですが、炊飯器やホットプレートなどは1,300Wほどの大量の電力を消費します。さらに、冷蔵庫やエアコンなどのモーター（コンプレッサー）を内蔵した家電は、起動時に消費電力の数倍の電力を必要とします。このため、発電機で使うときは、使用する家電の「起動電力」の合計が発電量を超えないようにすることが必要です。

とはいえ、被災時にはすべての家電を同時に使わず、「時間差」を利用することで案外いろいろな家電が使えたりします。我が家の場合、冷蔵庫と備蓄用の冷凍庫、洗濯機、エアコン、そして仕事用のパソコン2台などを使用しました。これらの起動電力の合計は2,500Wを超えていて、ウチにある1,600Wの発電機では同時使用できませんが、洗濯機を使っている時間帯は冷蔵庫の電源を切るなどして、結構、不便なく家電を利用していました。

なお、あまりパワーのない発電機で冷蔵庫やエアコンを使って故障させてしまった人を何人か知っています。非力な発電機は使用中に電圧降下が発生しやすく、それによって機器の基板やコンプレッサーに負担がかかるのが原因です。発電機はできるだけ容量に余裕のあるものを選び、とくに冷蔵庫やエアコンは単独で使用するのが基本です。

防災メモ インバータ発電機はエンジン音が比較的静かで、燃費にも優れるタイプが多いです。

使用する家電の「起動電力」で発電機を選ぶ

HONDA
EU
INVERTER
16i

発電機はパワーが大きければ、当然、使える電気製品も多くなります。とはいえ、パワーの大きい発電機は重くなり、女性では移動も大変なので、出力パワーが700～900W（VA）程度の小型タイプがいいかもしれません。これなら重さは10kg前後なので、家庭でも無理なく扱えると思います。ちなみに、我が家で使っていたのは、写真の「Honda EU16i」という機種で、重さは約20kg、出力パワーは1,600W（現行では「18i」が発売中）。かなり重くなるのが難点ですが、冷蔵庫やエアコンを使うなら、やっぱりこれぐらいのパワーがあると便利です。

スマートフォンの充電（4台）
消費電力 15×4 ＝60W
起動電力 60W
＋
ノートパソコン
消費電力 25W
起動電力 25W
＋
LED照明（4カ所）
消費電力 18×4 ＝72W
起動電力 72W
＋
小型冷蔵庫
消費電力 100W
起動電力 400W
＝
必要な電力
557W

発電機を選ぶときは、接続する電気製品の「起動電力」の合計を考慮することが大切。たとえば、図の起動電力の合計は557Wなので、余裕をみて800W前後の発電機を選ぶといった具合です。もっとも、我が家の場合は「時間差」を利用して、ほかにも洗濯機やエアコン、電動工具の充電にも使っていました。工夫次第でいろいろな家電が使えるので、扱いやすい小～中型の発電機を選ぶのがいいでしょう。

《電気機器の起動電力の目安》

起動電力=消費電力の1倍			起動電力=消費電力の1.1倍以上		
電気機器	消費電力	起動電力	電気機器	消費電力	起動電力
LED照明	18W	18W	扇風機	50W	100W
ノートパソコン	25W	25W	ハロゲンライト	250W	500W
テレビ（37型）	300W	300W	小型冷蔵庫	100W	400W
電気ポット	1,000W	1,000W	大型冷蔵庫	250W	1,000W
ハロゲンヒーター	1,000W	1,000W	洗濯機	400W	1,000W
炊飯器	1,300W	1,300W	エアコン	400W	1,100W
ホットプレート	1,300W	1,300W	電子レンジ	1,000W	1,500W

この表からわかるように、モーターやコンプレッサーを内蔵している家電は起動電力が大きい傾向があります。製品によって数値にバラツキがあるので、詳細に関してはカタログや説明書を確認してみましょう。

防災メモ ちなみに、一般住宅のコンセントは15Aなので、15×100V=1,500Wまでの家電を使用できます。

発電機の使い方

せっかく発電機を準備していても、いざ停電というときに活用できなければ宝の持ち腐れです。ぜひ、平常時に発電機を使う練習をしておきましょう。ガソリンエンジン式の発電機は商品が違っても始動方法はほぼ同様ですので、以下を参考にしてみてください。注意したいのは、「チョーク」の使い方。これは、エンジン内に送られる燃料の濃さを調整するものですが、チョークを入れっぱなしにしておくとエンジンが不調になってしまいますので、エンジンの回転が安定したら必ずチョークはオフにしましょう。

エンジンを始動する前に、ガソリン燃料を満タンにして、エンジンオイルの量も確認します。

始動時は、スイッチと給油キャップのつまみをオンの位置へ。これを忘れる人が多いので注意。

さらに、チョークレバーをオン。とくに寒い時期は、チョークを使うことで始動しやすくなります。

左手で本体を押さえながら右手でスターターを握り、勢いをつけて引っ張ります。

エンジンが始動して回転数が落ち着いてきたら、チョークを戻します（戻し忘れに注意!）。

エコスロットルがあれば、負荷に応じたエンジンの回転数で運転できて、燃費もよくなります。

ワンポイント・アドバイス

パソコンを使うなら「正弦波」を!

被災時でもパソコンを使うケースがあると思いますが、その場合は電子機器に対応した「正弦波タイプ」の発電機を選びましょう。正弦波でない発電機でパソコンを使ってしまうと、不調になったり壊れる危険があります。また、冷蔵庫やエアコンなどの一般家電でも故障する例があるので、正弦波タイプを強くお勧めします。

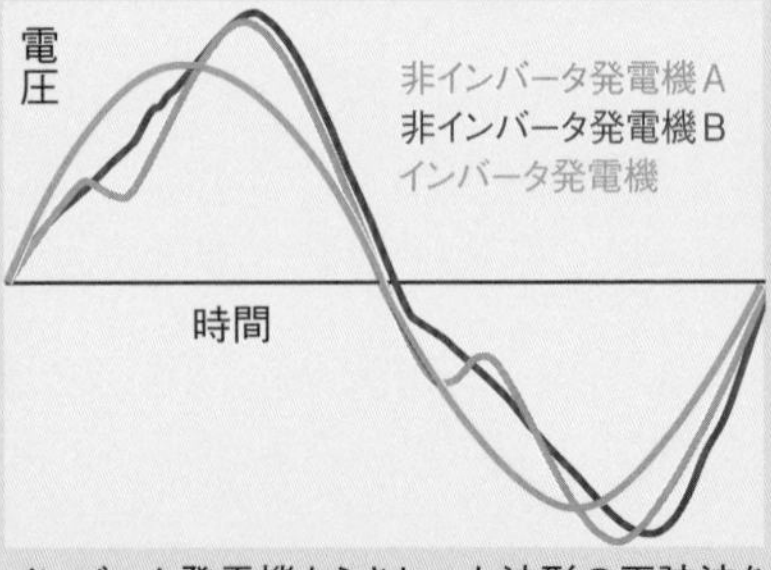

インバータ発電機ならきれいな波形の正弦波を生み出すので、パソコンや家電も安心です。

防災メモ　現在、携行缶でのガソリンの購入時には、身分証明書の提示が必要です。

発電機を使うときの注意点

【排気ガスを考慮する】

発電機のコンセントにコードのプラグを差し込めば家電が使えるようになりますが、発電機の運転中は有毒な排気ガスが出るので、本体を室内や玄関内に置くのは厳禁です。へたをすると一酸化炭素中毒になって、命の危険さえあります。理想を言えば、母屋と離れた倉庫や屋根のあるガレージに置くのがベストでしょう。ベランダなどの屋根下で、雨が当たらない場所でもOKです。

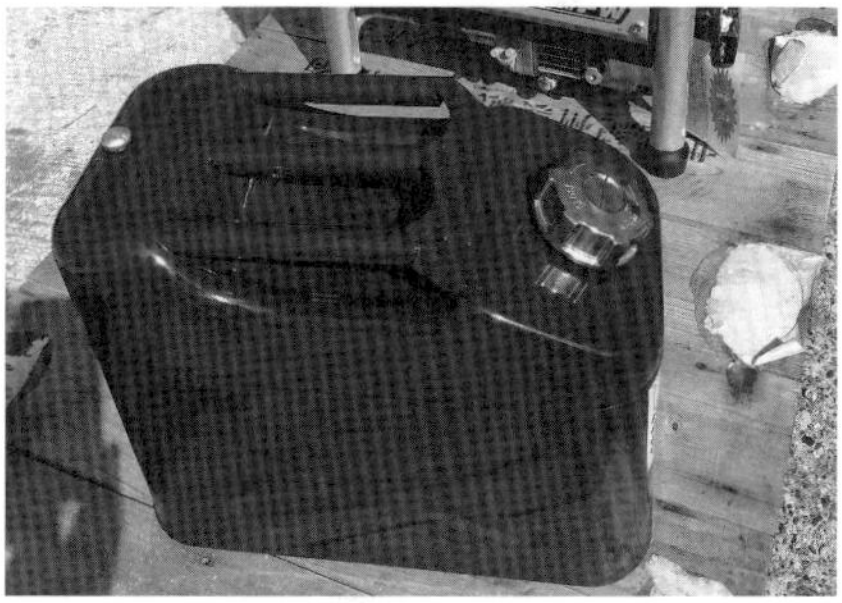

【保存時はガソリンを抜く】

普通の家庭では発電機を使う機会が少ないと思いますので、保存時の注意点をひとつだけ覚えておいてください。それは、キャブレターを傷めないようにガソリンを必ず抜いておくこと。簡単なのは、灯油ポンプでガソリンタンク内からガソリンを抜き取った後、エンジンをかけてそのままガス欠にさせる方法です。

【ガソリンの取り扱いに注意！】

ガソリンは揮発性が高いので、ガソリンスタンドで購入するときは専用の携行缶が必要です。また、セルフのスタンドでは購入できないので注意。災害時にはスタンドも閉まってしまうので、ある程度の備蓄も必要ですが、保管時には携行缶を直射日光が当たらない冷所に置き、十分な換気をしましょう。

ワンポイント・アドバイス

「LPガス式」という選択肢

前述のガスカートリッジ式とは一線を画した「プロパンガス（LPガス）」式の発電機もあります。プロパンガス自体は郊外の住宅用の燃料ガスとして普及していて、ガソリンよりも保管性に優れるので、こちらを活用する選択肢もありそうです。設置にはガスの配管工事が必要なので、ガス屋さんに相談してみましょう。

写真はホンダの「EU9iGP」。LPガスの50kgボンベで、最大約110時間使用できます。

防災メモ　ちょっと割高になりますが、安全性を配慮したガソリンの缶詰も備蓄用として販売されています。

3万円で「ベランダ発電所」を実現する方法

排気も騒音もゼロだから、マンションでも利用できる！

我が家で大活躍していたガソリン発電機。でも、ウチの奥さんによると、騒音が結構うるさいのが玉にキズとのこと。そんなとき、我が家の被災を聞いて『5アンペア生活をやってみた』（岩波書店）の著者でもある友人の斎藤健一郎さんが持ってきてくれたのが「ソーラーバッテリー」です。こちらは、**騒音も排気もゼロ。始動もスイッチポンでOK**なので、的確にセッティングさえしておけば機械にくわしくない人でも簡単に扱えます。出力も安定しているので、パソコン仕事で使っていてストレスがまったくありませんでした。

　このシステムは、太陽光エネルギーを小型のソーラーパネルで電気に変換し、それをバッテリーに蓄電して利用するというもの。よく見かける住宅の屋根の上にソーラーパネルを乗せたシステムが電力会社の買い取り式なのに対し、こちらは「独立型」です。前者のシステムを構築するには数百万円の費用がかかりますが、災害を考慮した停電対策用の一時的なものなら10万円程度、必要最小限のシステムなら数万円でDIYが可能です。広いスペースも必要ないので、たとえばマンションのベランダをプチ発電所にできるのです。

　ここで紹介するシステムも予算3万円、数時間ほどで自作できます。小さなパネルとバッテリーを使っていますが、スマートフォンやノートパソコンの充電、LED照明、小型テレビぐらいなら十分に使えます。同じぐらいの出力のシステムがケーブル類も込みのキットでネット販売されているので、それを利用するのも手軽です。

　なお、このシステムと同じ原理でパネルやバッテリーを強化すれば、商用電力を一切使わずに太陽光だけですべての電気をまかなう「オフグリッドシステム」にもできます。ぜひ、検討してみませんか？

これは、斎藤さんが自宅のマンションに設置した「ベランダ発電所」。災害時にも役立ってくれるでしょう。

防災メモ　このシステムは30V未満なので、法令上、電気工事士の資格は不要です。

ベランダ発電の仕組みと利用できる電気機器

これがベランダ発電の基本システム。ソーラーパネルで発電した電気をコントローラー経由でバッテリーに溜める仕組みです。バッテリーは12Vなので、一般家電を利用するにはインバータで100Vに変換する必要があります。ただし、キャンピングカーなどで使う12V用の家電なら変換は無用で、ロスなく活用できます。

【ソーラーパネル】
＊価格の目安＝1万円前後

パネルは流通量が多くリーズナブルな定格100Wタイプで始めてみましょう（写真は「Renogy 100 W」）。12V20Ahのバッテリーなら240÷100＝約2.4時間で充電できるので、晴れた日なら1日で充電が完了します。

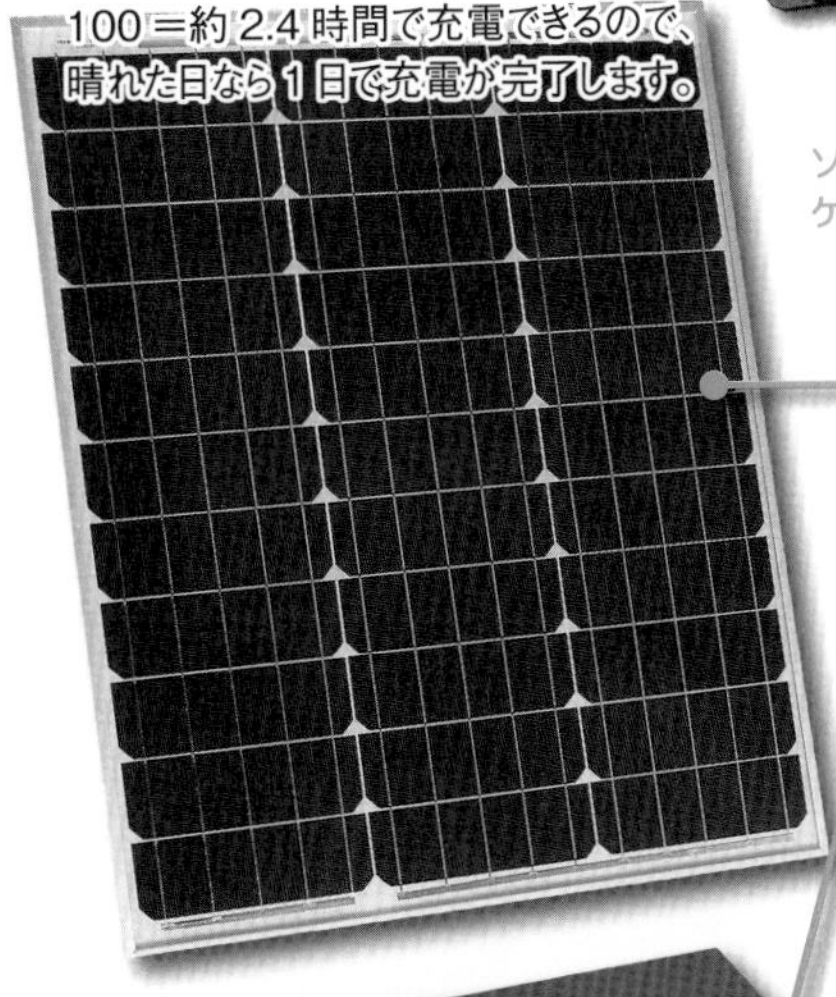

RENOGY
SELECT
ENTER
WANDERER™
SOLAR CHARGE CONTROLLER
RS232
5V2A
ソーラーケーブル
直流12V
USB端子（スマートフォンの充電など）

【チャージコントローラー】
＊価格の目安＝2,000円

バッテリーは満充電になったら充電をやめると寿命が長くなります。また、バッテリーの電圧が12Vを下回ったら、電気機器の使用をやめることも大切です。こうした過充電を防ぎ、充電の状況を監視してくれるのがチャージコントローラーです。紹介しているのは、12/24V兼用の「Renogy Wanderer 10A」。USB端子搭載なので、直接スマートフォンなどが充電できます。

【インバータ】
＊価格の目安＝6,000円前後

このシステムで家電を使うには、インバータで交流100Vに変換します。目安として、インバータは使用消費電力の2倍以上の定格が必要。ここで使った「Meltec SIV-500」は450Wタイプですが、パソコンやテレビを使う程度なら十分です。インバータに付属のケーブルで、バッテリーと繋ぎます。

VFFケーブル
Power your life
LONG
WP20-12
12V 20Ah
Pb
バッテリーケーブル

交流100V（一般家電）

【バッテリー】
＊価格の目安＝5,000円前後

ソーラーパネルが作った電気を蓄えるのがバッテリー。写真の「LONG WP20-12」は完全密閉型のシールドタイプで、充電時のガスの発生がなく、安全性やメンテナンス性も◎。繰り返しの充放電の耐久性にも優れています。12V20Ahの小型タイプでも、スマートフォンやノートパソコンの充電ぐらいなら十分です。

使用できる機器	消費電力
スマートフォンの充電	10W
LED照明	20W
小型テレビ	60W
ノートパソコン	20W
12V小型冷蔵庫	40W
充電工具の充電	50〜100W
モデム、ルーター	20W

使用するバッテリーが12V20Ah（240Wh）とすると、ノートパソコンは240÷20W＝約12時間使える計算です。ただし、バッテリーはフルに使ってしまうと寿命が短くなるので、半分ほどの使用にとどめましょう。

防災メモ パネルやコントローラーはインターネット通販、バッテリーやインバータはホームセンターでの購入が便利です。

ベランダ発電システムの作り方

【使用する工具類】

作業で使う工具は、ケーブルの被覆をむくためのストリッパー、端子をケーブルに固定するための圧着工具など。汎用性の高いタイプを選べば、それぞれ1本あれば大丈夫です。圧着工具には端子のサイズに合わせていくつかの凹みがあるので、端子を圧着する場合は、必ず端子に適合した凹みで圧着してください。

【ケーブルと端子 ＊2,000円前後】

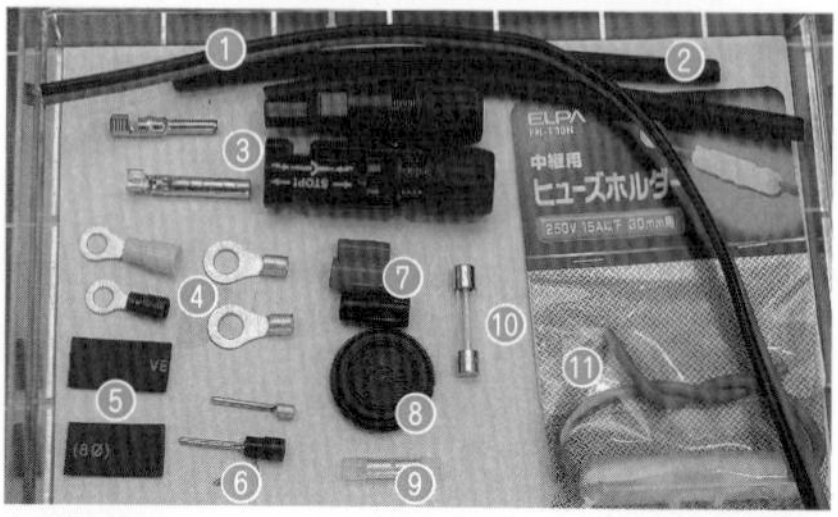

各機器をつなぐケーブルや端子は、写真のものを用意すればOKです。❶VFFケーブル（2sq、30cm）、❷ソーラーケーブル（15cm、2本）、❸MC4コネクター（＋、－各1セット）、❹丸型端子、❺熱収縮チューブ、❻棒型端子（＋、－各1セット）、❼絶縁被覆、❽ケーブルブッシングφ22、❾絶縁被覆付き圧着スリーブ、❿10Aヒューズ、⓫ヒューズホルダー。バッテリーとインバータをつなぐケーブルは、インバータに付属のものを使用します。

STEP 1 「ソーラーケーブル」を加工する

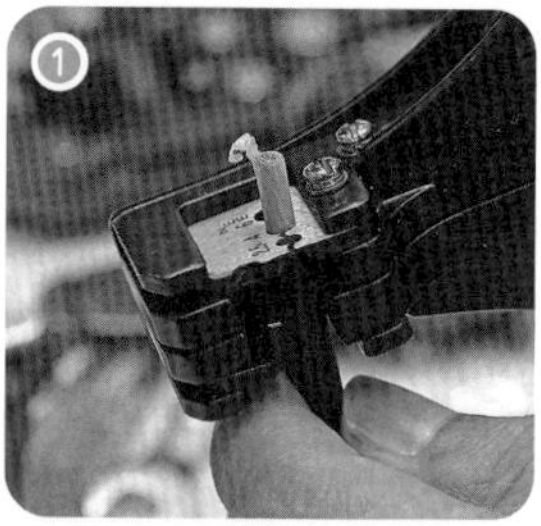

長さ15cmのソーラーケーブルの片側の被覆を12mmむきます。

ストリッパーを使って、このようにきれいにむければOKです。

ソーラーケーブル用のコネクターを圧着工具で圧着します。

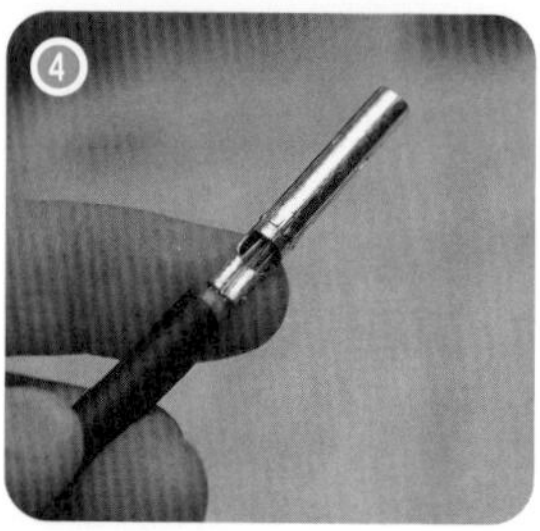

かしめた部分が、ケーブルの銅線部分にしっかり固定されていることが大切です。

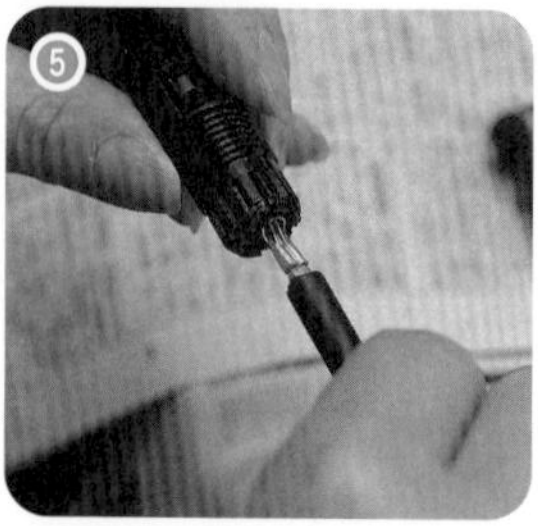

圧着したコネクターのメスをMC4のオスに、圧着したオスをMC4のメスに「カチャッ」と差し込む。

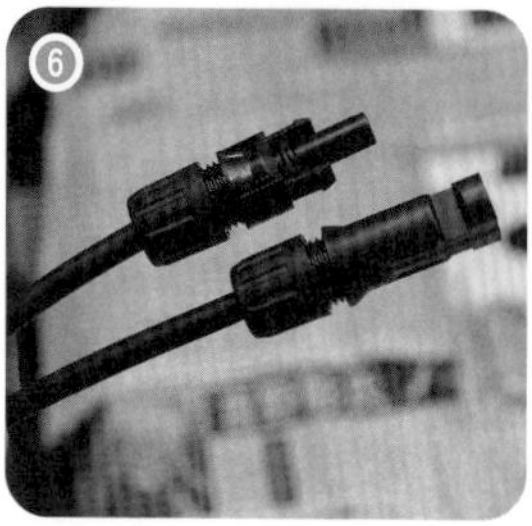

これでコネクターの処理が完了。ケーブルの反対側は、被覆を10mmむいておきます。

防災メモ　このほか、バッテリーの電圧を監視する12V電圧計（1,000円ほど）もあると便利です。

STEP 2 「VFFケーブル」を加工する

バッテリーとコントローラーをつなぐVFFケーブルは、2sq30cmを。

コントローラー側の赤黒の線を5cm裂き、被覆を6mmむく。

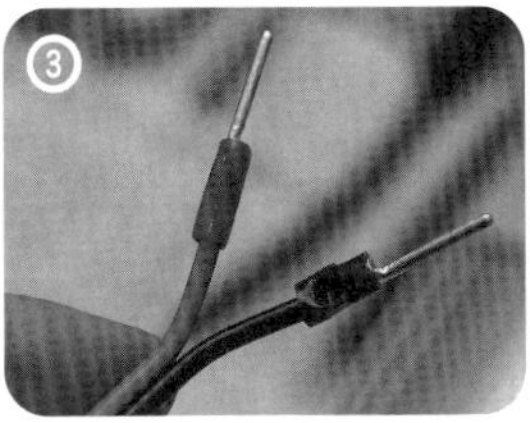

黒線に棒型圧着端子の−(青)、赤線に+（赤）を圧着。

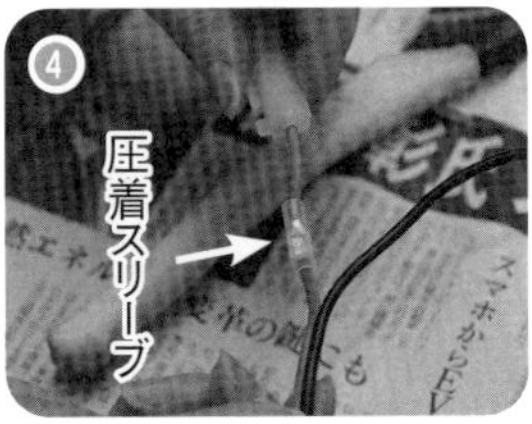

❹過電流防止のため、配線の途中に10Aのヒューズを入れます。ヒューズホルダーのケーブルを全長10cmに切り、VFFのバッテリーに接続する側の赤黒の線を10cmほど裂き、+側をヒューズ線と同じ長さ分カット。それぞれの線の被覆を6mmむき、圧着スリーブで接続。❺各線のバッテリー側の被覆を6mmむき、丸型端子を圧着・被覆します。

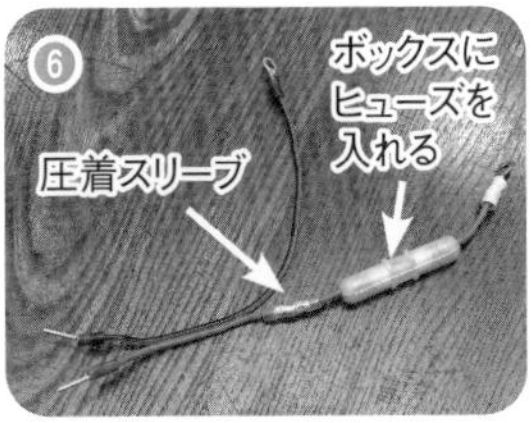

VFFケーブルの完成。バッテリーとインバータをつなぐケーブルは30cmに切り、両端に丸型端子を圧着してから熱収縮チューブを被せてドライヤーで加熱します。

STEP 3 各機器をケーブルで接続して箱に設置

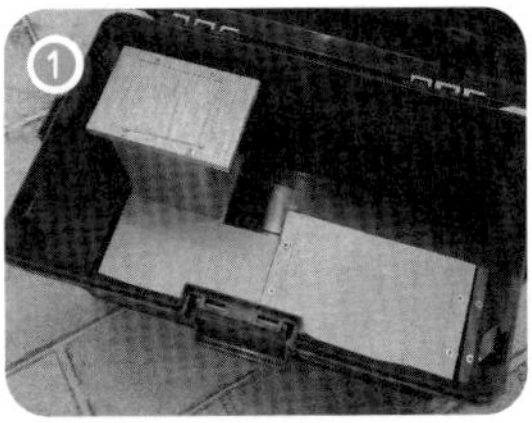

各機器はベニヤ板で仕切った工具箱に入れると便利です。

バッテリーとインバータを仮置き。インバータのスイッチはオフ。

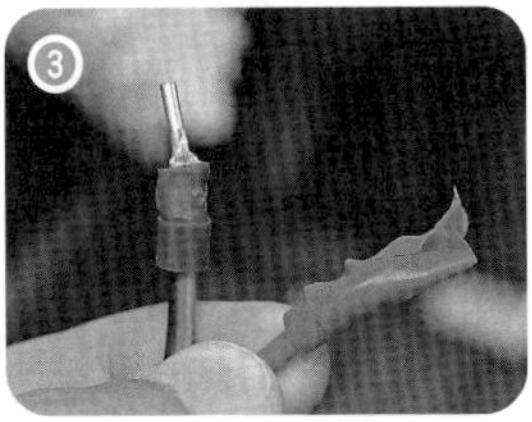

棒型端子の+側に絶縁テープを巻いて短絡を防ぎます。

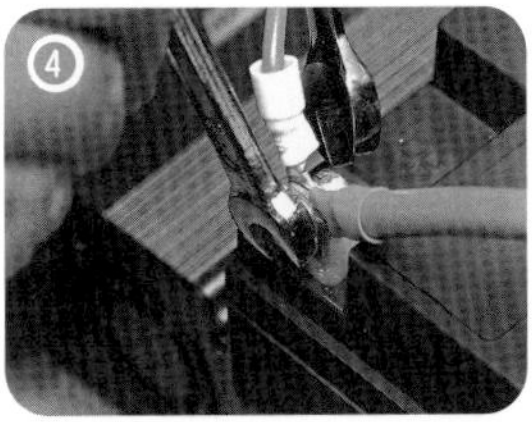

❹バッテリーの+（赤）にバッテリーケーブルとVFFケーブルの+を接続してボルトで仮留めし、バッテリーケーブルの反対側をインバータの+に接続。❺バッテリーの−（黒）にバッテリーケーブルとVFFケーブルの−を接続し、バッテリーケーブルの反対側をインバータの−に接続。

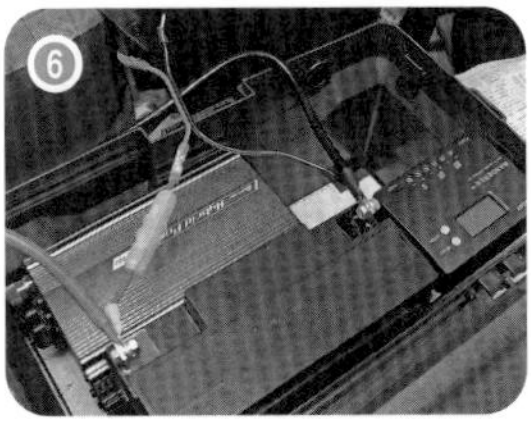

インバータのスイッチを入れ、USBランプが点灯すれば結線成功です！

防災メモ ケーブル類や工具類のほとんどはホームセンターで買えますし、ネット通販なら確実に入手できます。

STEP 4 「コントローラー」を接続する

この状態で各配線を整理してから、バッテリーに結線した部分のボルトを増し締めします。

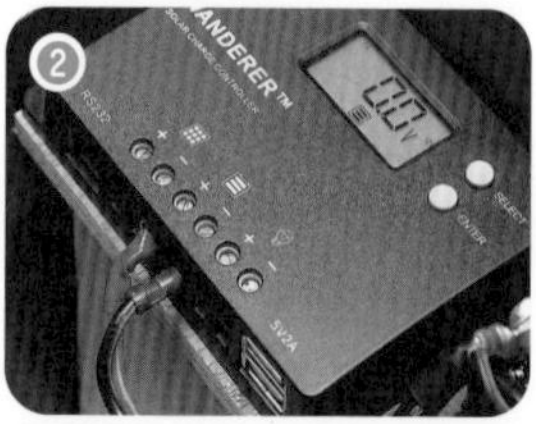

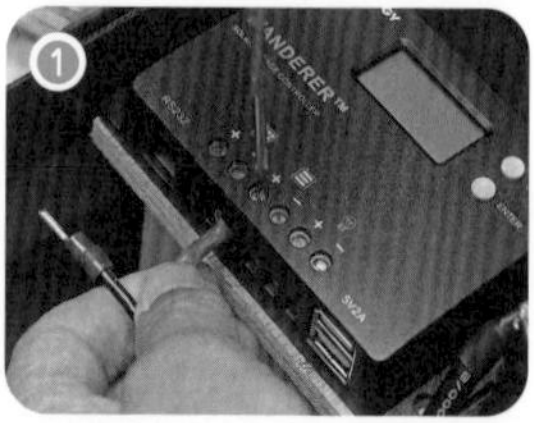

❶コントローラーをベニヤの中敷きにネジ留めして、VFFケーブルの棒型端子（＋側）の絶縁テープをはがし、コントローラーの＋側に差し込んでドライバーで確実に留めます。❷続いてVFFケーブルの－側の棒型端子をコントローラーの－に差し込み、同様にドライバーで固定。これで、コントローラーのモニターが表示されればOKです。

これで箱内の配線はすべて完了。片手でも軽々持てるので、部屋内の移動も簡単です。

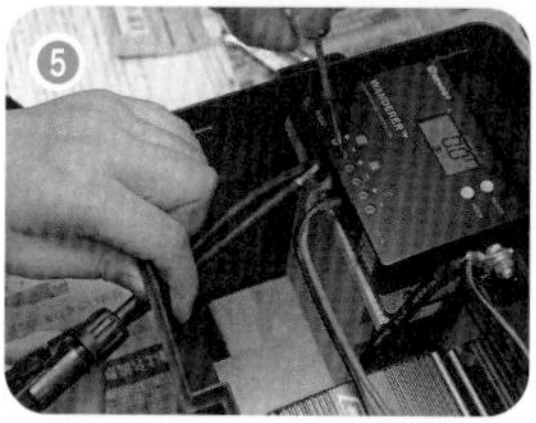

STEP 1で作ったソーラーケーブルをボックスの外側からブッシングに通し、コントローラーに接続。

工具箱の配線スペース側にドリルなどで直径 22㎜の穴を開け、ブッシングをはめ込みます。

STEP 5 「ソーラーパネル」をケーブルで接続して完成！

パネルに光を当てて、コントローラーの数値が表示されればシステムがうまく稼働しています。

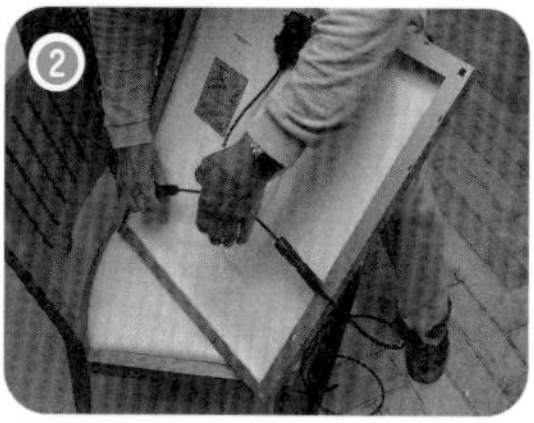

MC4 ソケットのオス・メス同士を「カチッ」と音がするまではめればOKです。

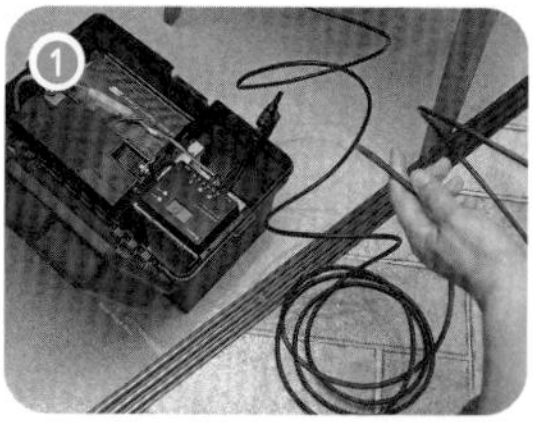

設置場所に応じて、延長用ソーラーケーブルを介してパネルとコントローラーを接続します。

車載用の 12Vの電気製品は、シガーソケットを利用するとインバータなしで活用できます。

パネルをベランダに取り付けるときは、L形アングルなどを利用します。写真の例では、可動式の物干し金物を使って、季節ごとの太陽の高度に合わせてパネルの角度を調整できるようにしています。

防災メモ　電圧が 12V 以下になったら、インバータのスイッチを切ってバッテリー上がりを防ぎましょう。

12Vで使える「直流家電」について

本項で紹介したシステムは、ソーラーパネルやバッテリーで「直流」の電力を生み出して溜め込むものです。しかし、家電の多くは「交流」で使用するため、わざわざインバータを通して直流を交流に変換しています。

この方法では変換ロスがかなり生じますし、インバータ自体の価格も安くはありません。その点、直流で動く家電を使えばインバータが不要になり、電気も無駄なく使えます。直流家電はキャンピングカーで使われているものが多く、冷蔵庫、扇風機、電気毛布、テレビ、炊飯器、スポットクーラー、ドライヤーなど、品ぞろえは案外豊富です。ものによっては少々高価になってしまうのが難点ですが、災害時だけではなくキャンプなどでも活用できるので、必要に応じて入手しておくのもいいと思います。

近年では車載用だけでなく、文字通り家庭で実用できる直流家電の開発も進んでいるようです。家庭の太陽光発電や将来的に普及しそうな電気自動車などとの連携でも有利なはずなので、今後の直流家電の展開が楽しみです。

直流家電のなかでも、私たちの被災で大いに役立ったのが冷蔵冷凍庫でした。本来はキャンピングカーや車中泊で使うことを想定しているので容量が少ないものの、非常用としては十分に活躍してくれます。60℃ぐらいで保温できるタイプも多いので、冬場でも便利に使えるでしょう。

ワンポイント・アドバイス

太陽光発電の「自立運転機能」

自宅の屋根などに太陽光発電システムを導入している場合、停電時に「自立運転機能」を活用すれば最大 1,500W の電気を使うことができます。ただし、蓄電池を備えていないと夜間は利用できません。

また、千葉県の台風では、太陽光発電設備を管理する事業者が停電時に自立運転への切り替えを行い、近隣住宅へ電気の供給を行った例もありました。

近所に太陽光発電設備があれば、事業者から電気の供給を受けられる可能性があります。

防災メモ　太陽光発電用の蓄電池はメリットが多いですが、まだまだ高価なのが難点です。

役立つ防災アイテム「ポータブル電源」の賢い選び方

大容量タイプは、エンジン発電機のパワーにも匹敵！

「ベランダ発電所もいいけれど、自分で作るのは面倒だし自信がないなぁ……」という方は、近年、防災アイテムとして人気急上昇中の「ポータブル電源」はいかがでしょう？ 仕組みとしてはバッテリーとインバータ、コントローラーをセットにしたものですが、そのパワーはモバイルバッテリーの数十倍という大容量を実現しています。2020年8月の時点では、定格出力2，000Wというエンジン発電機に匹敵するモンスター級の商品も登場しました。

ポータブル電源の最大のメリットは、モバイルバッテリーと違って「100VのACコンセントがある」ことです。発電機と同様に普通の家電を使える点は、被災時には大きな利点になります。また、発電機のようにガソリンを備蓄する必要がありませんし、騒音も排気もありません。さらに、前項のベランダ発電では鉛バッテリーを使ってるのに対し、ポータブル電源ではリチウムイオン電池を使っているので長寿命であることもメリットです。発電機と同じパワーを求めるとかなりの高額になるのが難点でしたが、ここ数年は飛躍的な技術進歩に伴って価格もリーズナブルになっていますので、都市部の住宅やマンション用の電源としては最も心強い選択肢といえるでしょう。

ソーラー入力が簡単な機種がお勧め

ポータブル電源を選ぶとき、一番の目安になるのが「バッテリー容量＝定格容量（Wh）」です。これはバッテリーにどれぐらいの量の電気を蓄えられるかを表したもので、この数字が大きいほど電化製品を長時間使うことができます。停電時でもある程度継続して家電を稼働させたいなら、容量に余裕のある1，000Wh以上のタイプをお勧めします。ただし、このクラスになると重量も10kgを超えてきますので、持ち運びは少々不便になります。また、価格も10万円以上と高額になるので、そこまでのパワーを求めないなら500Whクラスでもいいでしょう。

また、バッテリー容量とは別に、「定格出力」も要チェックです。これは実際に一度に使える電力を表し、その上限（瞬間最大出力）を超える定格消費電力（家電が安全に動作する電力）の電気製品は使うことができません。通常、定格容量

防災メモ　「定格容量」＝電気を貯められる量、「定格出力」＝実際に使える電力、と覚えておきましょう。

メンテナンスフリーなことも
ポータブル電源のメリットだ。
太陽光でも充電できるから、
災害時には絶対役立つね

DELTA
EFDELTA

ポータブル電源を選ぶときは、用途を考慮することが大切。災害用として用意するなら容量は多ければ多いほど安心ですが、車中泊やキャンプなどでも活用したければ手軽に持ち出せる軽量タイプでもOKです。

と定格出力は正比例しますが、念のためスペックを確認しておきましょう。

　そして、「出力端子の種類と数」も選ぶときのチェック事項となります。一般家電の使用を考えるなら、ACコンセントは複数あるのがお勧めです。また、USBポートは3～4個以上あればスマートフォンの充電やLEDライトなどの使用に便利です。さらに、アクセサリーソケットにも対応したモデルなら、77ページの12V用直流家電が使えて、災害時だけでなく、普段使いやキャンプなどにもかなり重宝します。

　ポータブル電源の充電方法については、「家庭用コンセント」「自動車のアクセサリーソケット」「ソーラーパネル」を利用できます。とくに、ソーラーパネルと組み合わせれば、晴れの日なら安定した電源として活用できるので長期の停電でも活躍してくれるでしょう。ただし、ポータブル電源とソーラーパネルとの相性は商品によってバラツキがあるので、基本的なMC4コネクタのソーラーケーブルがセットになった商品を選ぶのが無難です。ちなみに、ポータブル電源はほとんどメンテナンスが不要で、3カ月に1回程度充電状況をチェックするだけでOKです。

　なお、発電機と同様に、パソコンなどの精密機器を使うならAC出力が「正弦波タイプ」のものを選びましょう。

 防災メモ ポータブル電源は充放電できる回数が多く、毎日使っても10年近く長持ちする製品もあります。

ポータブル電源の選び方

【バッテリーの定格容量】

「逃げなくてもいい家」で避難生活を送り、ある程度の電化製品を利用することを考慮すると、バッテリー容量＝定格容量は1,000Whを超える大容量タイプを選ぶのが理想です。ただし、このクラスは価格も10万円を超えてきますし、重量が重くなるのが難点です。そこまでの能力を求めないのであれば、5万円前後で買える300～500Wh程度のコンパクトなものでもいいでしょう。持ち運びを前提に選ぶなら、さらに小さな200Wh前後のものも便利です。

【定格出力】

「定格出力」は一度に使える電気量のことで「定格○○W」などと表示されていますが、その上限（瞬間最大出力）を超える電気を消費する電気製品は使えません。たとえば、容量が500Whあっても、最大出力が300Wなら、起動電力が400Wの冷蔵庫は使えませんので注意しましょう。

【出力ポートの種類】

ポータブル電源の出力は100Vコンセント、USBポート（タイプA、C）、DCポートなどがあります。コンセントは一般の家電、USBポートはスマートフォンなどの充電、DCポートは12V用直流家電などで利用できます。いずれもポート数は多いほど便利ですが、各ポートで使える最大出力を確認しておきましょう。

【主なポータブル電源の容量別スペック】 ＊2024年1月現在

商品名	定格容量	定格出力	最大出力	重量	AC出力	USB	参考価格
FlashFish G300	222Wh	300W	600W	2.6kg	2個	3個	24,700円
ALLPOWERS R600	299Wh	600W	1,200W	5.6kg	2個	4個	31,800円
Jackery 400	400Wh	200W	400W	4.1kg	1個	2個	49,300円
JVC BN-RB62-CA	626Wh	500W	1,000W	6.5kg	2個	3個	79,860円
RIVER Pro	720Wh	600W	1,200W	7.2kg	3個	4個	79,800円
Jackery1000	1,002Wh	1,000W	2,000W	10.6kg	3個	4個	139,800円
ALLPOWERS S2000	1,500Wh	2,000W	4,000W	14.5kg	4個	6個	169,999円
DELTA 2 Max	2,048Wh	2,000W	2,400W	23kg	6個	4個	152,460円

防災メモ 目安として、150Whの電源でスマートフォンの充電は約10回、1,000Whなら60～70回ほどできます。

【ソーラー充電の対応】

ソーラパネルで充電する場合は、本体との相性があるのでMC4 ケーブルがセットになった商品をお勧めします。また、ソーラー充電できるタイプは、低い電圧でも充電できるチャージコントローラーを内蔵していますが、天気が変化する状況でも効率よく充電できる「MPPT方式」を採用したものが便利です。

【充電方法】

肝心の充電方法は、❶家庭用コンセントから、❷自動車のアクセサリーソケットから、❸ソーラーパネルからの3つが基本となります。ただし、停電中はコンセントが使えませんので、❷か❸での充電になります。自動車で充電する場合は、バッテリー上がりを防ぐためにエンジンはアイドリングにしておきます。

【使用時の注意点】

発電機と同様にタコ足配線での使用は危険です。また、電源に充電しながら同時に出力する「パススルー機能」、停電時に瞬時にバッテリー出力に切り替わる「USP（無停電電源）」に対応した商品も多いですが、これらを多用するとバッテリーの寿命が縮まるのでメーカーは推奨していません。非常時だけの利用にとどめておくのが無難です。多くの商品では安全装置も備わっていますが、内蔵するリチウムイオン電池は無理な使い方をすると発熱・発火する恐れがあるので、異常を感じたらすみやかに使用を中止し、販売店に相談しましょう。

ワンポイント・アドバイス

消費電力の「見える化」を！

どんな非常用電源でも使用できる電力量にはリミットがあるので、接続している家電が「どれぐらいの電気を使っているのか？」は気になるところです。それを「見える化」してくれるのが「ワットチェッカー」です。家電のプラグとコンセントの間に接続するだけで、流れている電気の量を知ることができます。

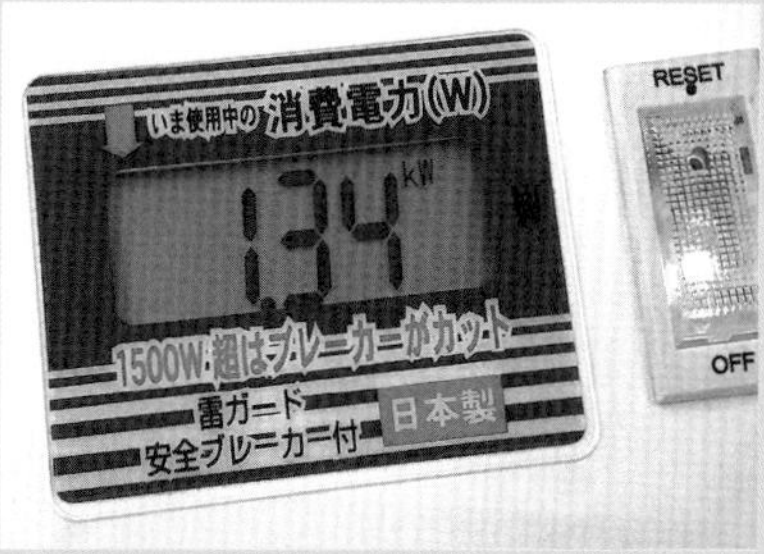

家電の電気消費量を知ることで、非常用電源を有効に使う方法も見えてくるはずです。

防災メモ　日中は自動車や発電機でポータブル電源を充電し、夜に静かなポータブル電源を使うのも方法です。

停電時に「自動車」を非常用電源にする方法

自動車が災害時の電源になる未来は近い……

とくに非常用電源を用意しなくても、「自動車」を所有していれば、そこから多少なりとも電源を取れると便利です。最近ではＵＳＢポートが付いている車種が増えているので、スマートフォンの充電やノートパソコンの使用ぐらいは問題なくできるでしょう。

また、「インバータ」で自動車のバッテリーの12Vを家電用の交流１００Ｖに変換する方法もあります。自動車に装備されているアクセサリー（シガー）ソケットから電源を取るタイプのインバータならすぐに利用できるので、突然の停電時にも役立ちます。ソケットから取り出せる電流は大きくはないですが、ノートパソコンを使うぐらいには十分です。ちなみに、普通自動車にオプションでコンセントを付けられる車種もありますが、こちらも出力は少ないので本格的な家電は使いにくいです。

それでもの足りない場合は、バッテリーから直接電源を取る１，０００Ｗクラスのインバータを使う手段もあります。ただし、安全な配線には専門の知識が必要になりますし、フルに性能を引き出すためにはバッテリーを充電するために自動車のエンジンをかけ続ける必要があって、被災時に使うには工夫が必要となるでしょう。

もうひとつ、77ページで紹介している12V用の直流家電を活用する方法もあります。近年の車中泊ブームで直流家電のラインアップはかなり増えてきました。冷蔵庫、炊飯器、テレビ、扇風機、電気毛布、ＬＥＤ照明などをソケット利用でそのまま使うことができます。

《インバータを利用する》

自動車でコンセントを使えるようにするには、アクセサリーソケットにつなげるだけで使えるインバータを利用するのが一番簡単です。200W程度の小型インバータなら、USB搭載タイプで価格は数千円ほど。バッテリー直結タイプは配線の知識が必要になり、1,000Wを超えるタイプだとバッテリー上がりも心配です。取り付けに自信がなければ、カーショップにお願いするのがいいでしょう。

防災メモ　普通車から電源を取る場合は、バッテリー上がりを防ぐためにエンジンをアイドリングさせた状態にします。

「ハイブリッド車」という選択肢

さいわいにして車中泊をせずに済んだ我が家では、発電機やソーラー式バッテリーなどを併用しながら避難生活を送っていました。そして、停電になって1週間が過ぎた頃、自動車メーカー数社が非常用電源として電気自動車（EV）やプラグインハイブリッド車（PHV）を千葉県内の避難所や住宅に貸し出していることが大きなニュースになりました。これらの自動車は、家電に使える100Vコンセントを搭載しているので、「移動できる発電機」のような活用ができるわけですね。そして、そのうちの1台、トヨタのプリウスPHVが我が家にもやってくることになったのです。

愛知県からはるばるやってきたプリウスは、スタッフさんの説明によるとガソリンを満タンにしておけば4～5日分の家庭電源をまかなえるとのことでした。最大出力は家庭のコンセントと同じ1，500Wなので、冷蔵庫や洗濯機、エアコンなどをローテーションしながら普通に使えます。

そして、この自動車の何がいいかといえば、使用中はエンジンが停止していて排気も騒音もゼロなこと。バッテリーの残量が少なくなると自動的にエンジンが始動して充電・停止してくれますが、発電機のエンジン音よりも圧倒的に静かなので夜でもまったく気になりませんでした。まさに、最高の非常用電源です。

現在、自動車メーカーでは、1，500Wコンセントを搭載した外部給電システムの車種を続々とリリースしています。今後、自動車を買い替えるときには「動く発電機」として、こうした車種を選ぶのも防災対策になりそうです。

《コンセント付きの車なら超便利！》

静かでパワフルなので、被災時の電源としては最強ともいえるプラグインハイブリッド車。家庭用コンセントと同じ感覚で活用できました。

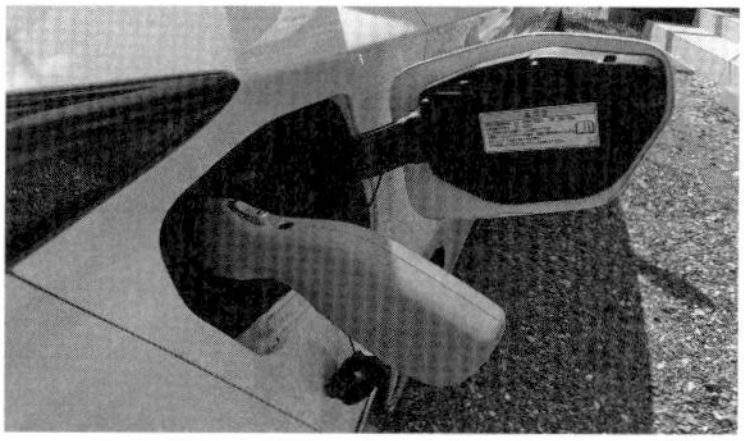

非常時給電システムには、走行機能を停止した状態で、自動車を発電機専用として使うモードがあります。ガソリン満タンなら、4～5日間の電源をまかなえるそうです。

防災メモ　通常のハイブリッド車でも1,500Wまで使えるコンセントを装備している車種が増えてきました。

「太陽熱温水器」が再脚光を浴びている理由とは？

ソーラーパネルを圧倒するエネルギー交換率が魅力

私が台風被災を体験した後、すぐにでも導入しようと思ったのが「太陽熱温水器」でした。ソーラーパネルが太陽光のエネルギーを電気に変換するのに対し、太陽熱温水器では太陽の熱そのものを利用してお湯を沸かします。現在主流のタイプは真空管を利用することで熱変換の効率が飛躍的にアップし、一度温まったお湯は冷めにくい構造にもなっています。まさに、魔法瓶と同じ原理。ソーラーパネルのエネルギー変換効率は15％前後ですが、太陽熱温水器は60％以上とかなり優秀なのです。

また、温水器には電気を使っていないので、「災害で停電になってもお湯を沸かせる」ことも大きな魅力です。また、たとえ断水しても、タンク内のお湯（約２００ℓ前後）を非常用水として活用することもできます。災害が増えている昨今、電気もガスも使えない状況になったときには頼りになるアイテムと言えるでしょう。

そしてさらなる魅力が、ＤＩＹで設置できることです。私自身はまだ計画中ですが、何人もの知人が自分で太陽熱温水器を設置して、リーズナブルな給湯システムを実現しています。通常だと太陽熱温水器は屋根に乗せることが多いですが、知り合いの多くは地震対策として地上やデッキの上に設置していました。ちなみに、設置を業者にお願いすると工事費だけで10万～15万円ほどかかるそうです。

この太陽熱温水器の能力はどれぐらいかといえば、夏なら

現在人気の太陽光温水器は「真空管方式」。ソーラーパネルシステムよりも効率に優れ、リーズナブルに設置できます。電気も使わないので、災害時には頼りになるアイテムです。

ほんの数時間で80℃程度、冬でも晴天時なら50℃ぐらいのお湯を沸かせます。また、温水器は単独でも使えますが、既存の給湯器に接続することで自動的にお湯の温度を調整してくれるのも便利なところです。

気になるお値段は、本体と配管パーツ込みで20万～30万円ほど。電気代やガス代を年間4万円ほど節約できることを考えると、6～7年ぐらいで元は取れそうです。地域によっては、設置時に自治体からの補助金を受けられるケースもあるので、検討する価値はあると思います。

太陽熱温水器の給水方式には、水の重力を利用する「落下式」と水道の圧力を利用する「水道直圧式」があります。落下式は屋根などの高所に設置する必要があって、水圧も強くないので用途が限定されますが比較的ローコストです。一方の直圧式は地上に設置できることからDIY向きで、水圧が強いので単独使用でもシャワーや風呂、キッチンの給湯でストレスなく利用できます。

《太陽熱温水器を給湯器につなげる方法》

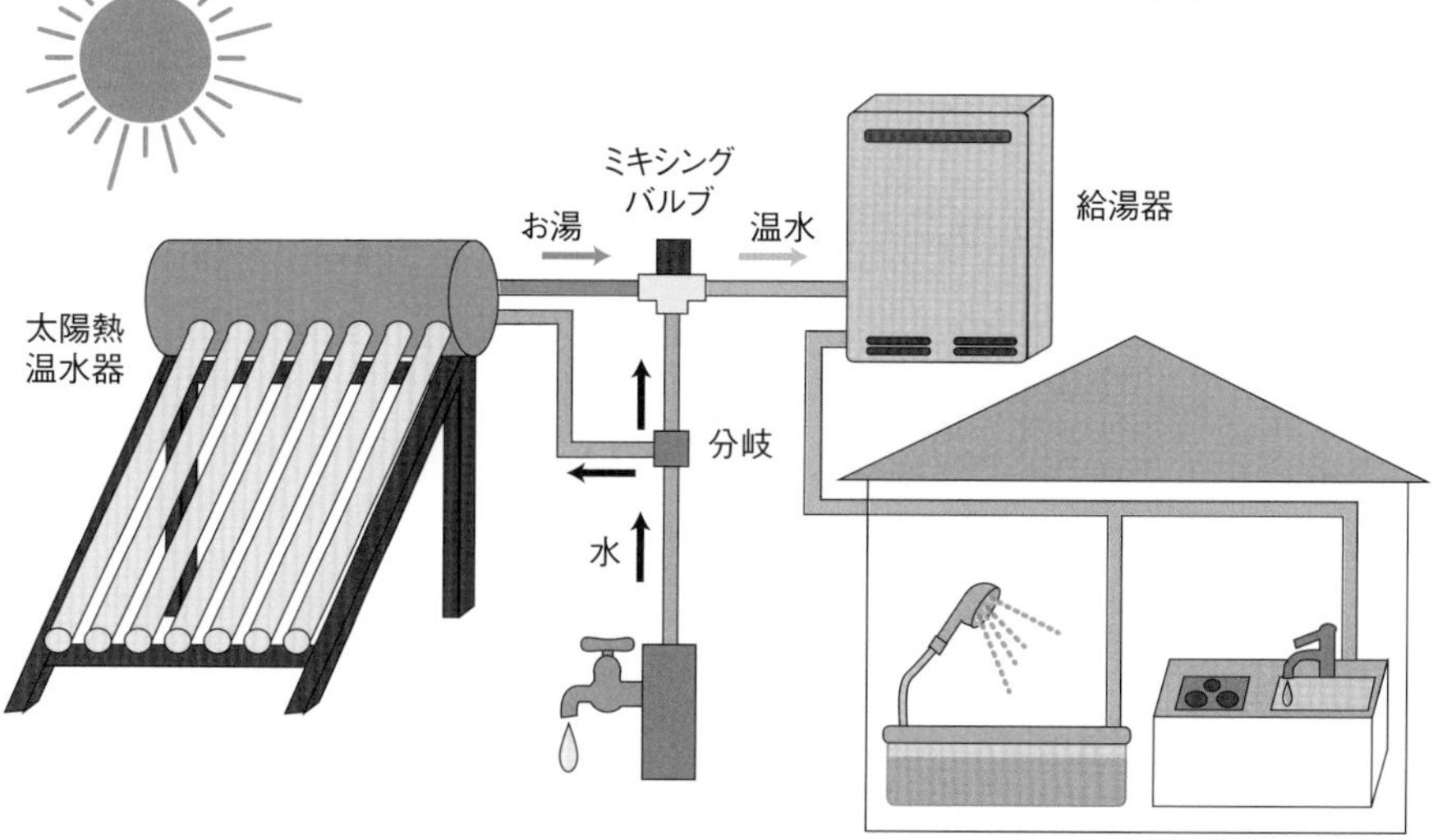

太陽熱温水器は、夏になると80℃近い温度のお湯を作ります。この熱いお湯を無駄なく使えるように、既存の給湯器に接続する手段もあります。この場合、給湯器の故障を防ぐために、水温を調整するための「ミキシングバルブ」を経由させることが必要です。これによって、好みの温度のお湯をいつでも使えるようになります。なお、災害で停電になった場合は、非常用電源から給湯器に電気を供給することで使用できます。

防災メモ　断水になると、落下式はタンク内のお湯を利用できますが、水道直圧式では使用できません。

究極の料理器具「ロケットストーブ」を作る

一家に一台あると被災時に便利。自作も超簡単！

「ロケットストーブ」をご存じでしょうか？　その抜群に優れた燃焼効率から、東日本大震災をきっかけに非常用コンロとして注目を浴びた画期的なアイテムです。

原理としては、厚い断熱材で覆った煙突が燃焼筒（ヒートライザー）の役目を果たし、ロケットのような強烈な上昇気流が発生。そのおかげで燃料（薪）を入れる焚き口につねに新鮮な空気（酸素）が大量に供給され、少ない燃料でも効率よく燃やせる仕組みです。災害時には、大量に発生する廃材の処理に困ることが少なくありません。そんなときに、このロケットストーブがあれば廃材を貴重な薪として有効利用できて一石二鳥です。こんなに便利で有能なストーブが、ホームセンターで売られている材料だけで安価にDIYできることは、大きな魅力といえるでしょう。

ロケットストーブ作りに使用する材料は、エンジンオイルなどが入っていた空き缶（一斗缶やペール缶）、ホームセンターで売っている「薪ストーブ用の煙突」と断熱用の「パーライト」、または「バーミキュライト」など。これらを左ページのイラストのように組み合わせるだけなので、DIYに慣れた人なら1時間足らずで完成させることができます。

ここで紹介するのは、災害時でも作りやすい簡易バージョン。一斗缶かペール缶を1個だけ使用し、断熱材は砂で代用します。これでも機能的にはまったく遜色ないことを確認しましたので、ぜひ作り方を覚えておきましょう。

「ゴーッ」という音を立てて、火口から高温を発するロケットストーブ。発展途上国など資源が限られた場所で人気のアイテムで、電気やガスが途絶した防災時にも活躍してくれます。

防災メモ　ロケットストーブは燃費も優れているので、少量の薪で料理を作れることもメリットです。

《ロケットストーブの優れた仕組み》

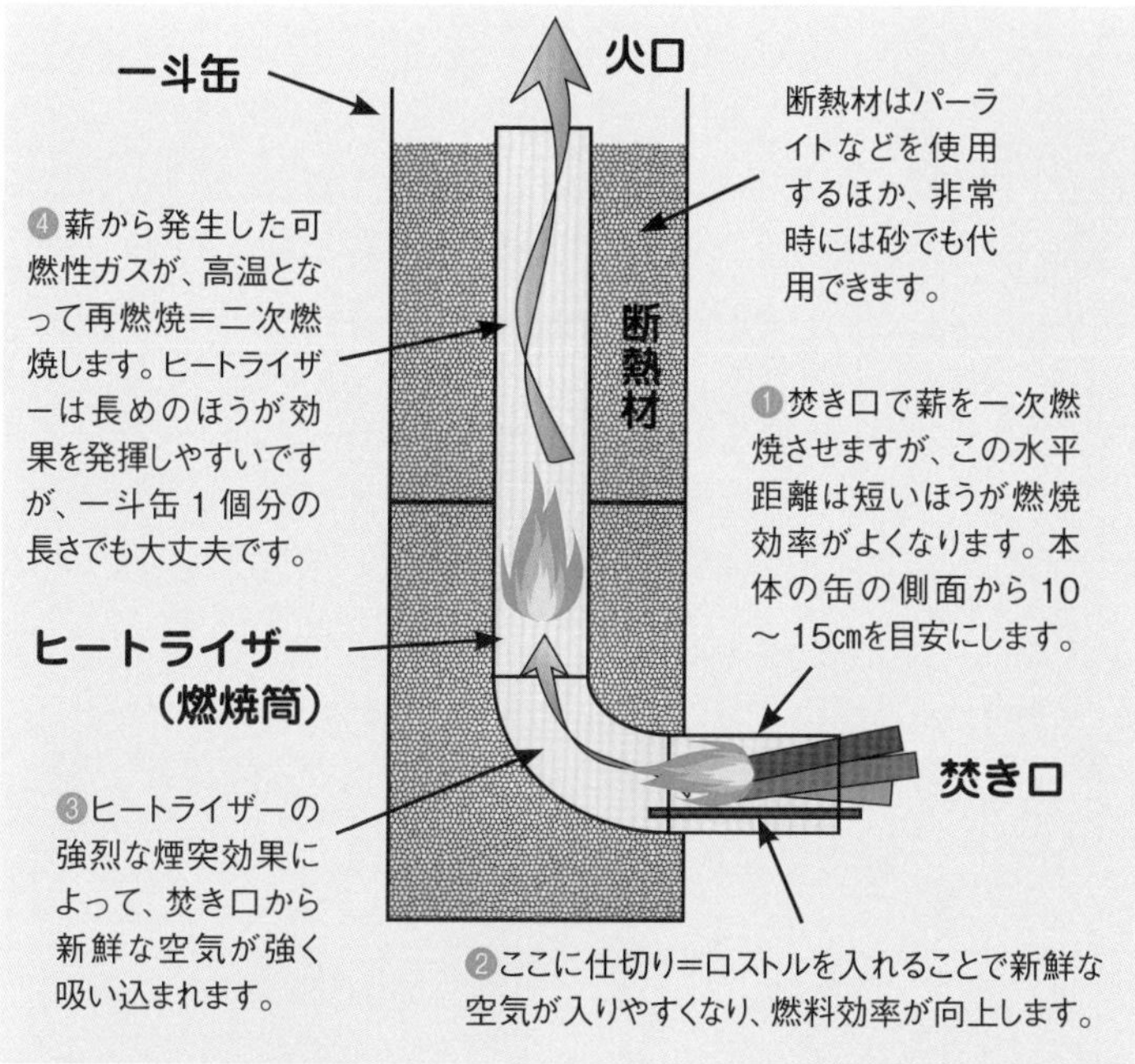
一斗缶
火口
断熱材はパーライトなどを使用するほか、非常時には砂でも代用できます。
断熱材
❹薪から発生した可燃性ガスが、高温となって再燃焼＝二次燃焼します。ヒートライザーは長めのほうが効果を発揮しやすいですが、一斗缶1個分の長さでも大丈夫です。
❶焚き口で薪を一次燃焼させますが、この水平距離は短いほうが燃焼効率がよくなります。本体の缶の側面から10～15㎝を目安にします。
ヒートライザー（燃焼筒）
焚き口
❸ヒートライザーの強烈な煙突効果によって、焚き口から新鮮な空気が強く吸い込まれます。
❷ここに仕切り＝ロストルを入れることで新鮮な空気が入りやすくなり、燃料効率が向上します。

ロケットストーブの仕組みは、垂直に伸びた燃焼筒（ヒートライザー）の強烈な煙突効果を利用したもの。焚き口で薪を燃やすと、断熱材に包まれた煙突が高温になり、火口に向けて強い上昇気流が発生。このため、普通の焚き火よりも着火が簡単で、圧倒的な燃焼が実現できます。イラストは一斗缶を2つ縦方向に重ねた基本型ですが、被災時には高さを半分にした簡易型でも十分に活躍してくれます。

ロケットストーブの材料

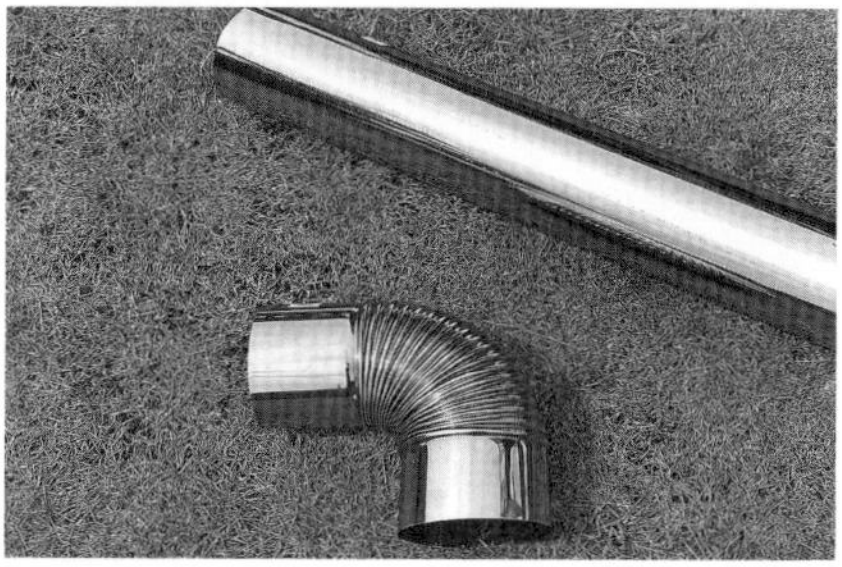

【煙突】

煙突は120㎜径のステンレス製。長さ455㎜の半直筒のほか、燃焼室となるL形管（エビ曲）を入手しましょう。これで合計金額は1,600円ほどです。

Automatic Transmission Fluid
STIHL

【一斗缶、またはペール缶】

本体部分には、一斗缶やペール缶などの空き缶を利用します。これらの空き缶は、ガソリンスタンドや自動車整備工場などで無料でもらえます。

【五徳】

鍋やフライパンを乗せるための五徳は、レンガで代用できます。不要になったガス台の五徳でも大丈夫です。

パーライト

【断熱材】

園芸用のパーライトやバーミキュライトを利用。10kg袋で400円ほどです。今回は代用品として砂を使いました。

防災メモ　上のイラストの原理さえ守れば、レンガや瓦などを積み上げるだけでもロケットストーブを作れます。

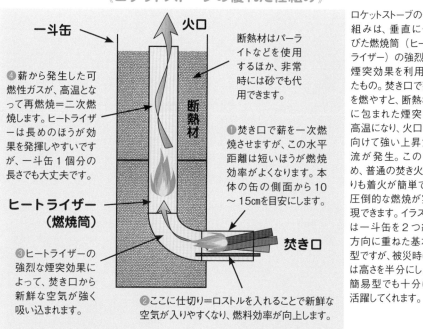

「ロケットストーブ」の作り方

一斗缶のフタを缶切りで切り取ります。缶切りの代わりに、写真のスクレーパーでも切れます。

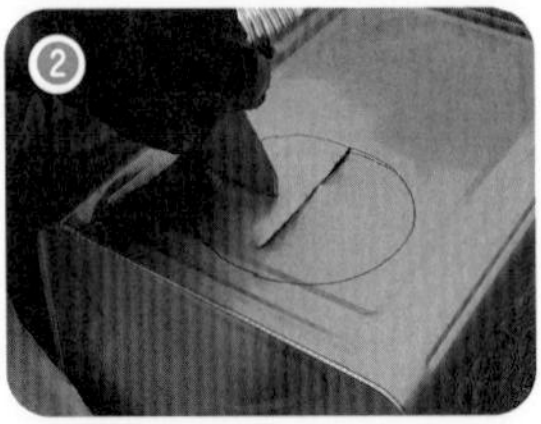

缶の側面の下側に、煙突径よりも2㎜ほど大きい円を描き、対角線に切れ目を入れていきます。

金切りバサミなら、より簡単に切れます。対角線で16等分して切った部分を内側に折ります。

穴にL形管を差し込みます。穴がきつい場合は、折り曲げ部分をハンマーで叩いて調整します。

L形管に半直筒を立てます。缶の上面よりも2～3㎝ほど煙突が出るようにマークします。

マークした部分を金ノコでカット。煙突の残りをさらに10㎝ほどの長さに切り、焚き口にはめます。

再び煙突をセットし、缶と煙突とのすき間に砂を充填。パーライトを使えば、より軽量になります。

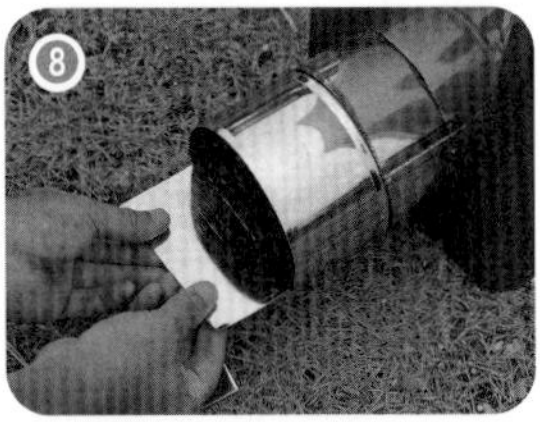

余った煙突を切り開いて20×10㎝幅の板を作り、焚き口側にロストルとして差し込みます。

缶の上にレンガや不要になった五徳などを乗せて完成。作業時間は30分ほどでした。

【ロケットストーブの使い方】

❶ご飯を炊いて、目玉焼きを作るのに薪の量はこれぐらいで十分。薪の太さは1～2㎝が使いやすいです。❷新聞紙を少し破って焚き口に入れ、上に薪を数本置きます。❸新聞紙に着火するとすぐに火口から煙が出ますが、薪に火が燃え移って安定すると煙は止まります。薪が燃えるのに合わせて焚き口の奥の方へ押し込みます。この押し込み具合と追加する薪の量で火力を調整できます。❹火力が強いので、ご飯はお湯が沸騰してから5分ほどで炊きあがります。

防災メモ　薪は廃材のほかに、よく乾いた落ち葉や小枝、松ぼっくり、使用済みの割りばしなどいろいろ使えます。

「トイレパニック」を乗り切るためのアイデア

「携帯トイレ」や「ゴミ袋」を活用しよう！

長期の停電や断水ではいろいろと困ったことがありましたが、なかでも痛切だったのが「トイレ」です。断水時はもちろん、断水が復旧しても電気がないと水が流せません。くみ置きの水を流すのもいいですが、とくに地震が原因で断水しているときは、排水管や下水管が破断している恐れがあります。そこに水を流してしまうと、汚水がどこから漏れてくるかわからず、ときには逆流してきて家中がパニックになることもあります。マンションの場合は、上階で水を流すと下の階で汚水があふれ出す恐れもあるそうです。

また、トイレに行く回数を減らすために水分を控えていると、どうしても体調不良になりがちです。トイレが使えないという理由だけで、避難所に行く人も少なくありません。被災時には貴重になる水を１回のトイレで５〜10ℓも使うのはもったいないですし、トイレが問題なく使えるようになるまでは「災害用トイレ」を利用しましょう。

災害用のトイレは、市販品を利用するのが手っ取り早くて便利です。１回分が１００円程度と安くはありませんが、汚物を収納する袋と凝固剤が入っていて、においも気になりません。もっと安くあげるなら、ゴミ袋と細かくちぎった新聞紙を利用する方法もあります。ここにペット用のトイレに利用する「吸水シーツ」を併用すれば、吸収力もかなりあって結構使えます。

我が家で一番役立ったのは、水も電気も使わない「コンポストトイレ」でした。これは10年ほど前に自宅の庭に作ったのですが、自然界の微生物が汚物を分解してくれるという優れものです。使い方は、用を足したらひとつかみ分の米ぬかを投入するだけ。これで好気性分解が促され、数週間で汚物は完全に消滅します。普段から来客にも利用してもらってますが、嫌なにおいはゼロなので女性からも好評です。

避難生活では、やっぱり快適に使えるトイレが必須ね！

防災メモ　大規模災害では、上下水道が２カ月以上使えなくなるケースもあります。

《災害用トイレの作り方・使い方》

断水時にはくみ置きの水でトイレを流す方法もありますが、できるだけ水を節約するには「非常用のトイレ」を用意しておきたいところです。便器に被せるための汚物入れと凝固剤がセットになっている商品のほか、段ボール紙などを利用した簡易的な便座がセットになっている商品もあります。1日にひとりが5回使うとして、1週間分はストックしておきましょう。また、凝固剤がない場合は、新聞紙やペット用の吸水シーツなどでも代用できます。

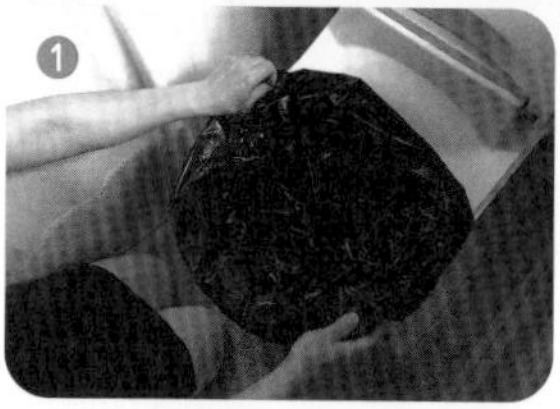

便座を上げて、45ℓのゴミ袋を便器に被せ、さらに汚物入れ用の袋を重ねて被せます。

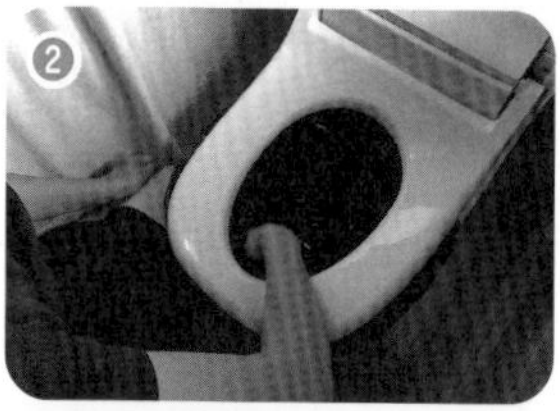

凝固剤がない場合は、あらかじめ細かくちぎった新聞紙やペット用吸水シーツを袋の中に敷き詰めておきます。

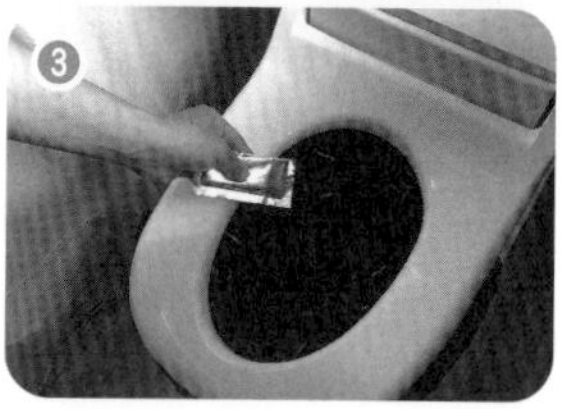

便座を下ろして完成。用を足した後は、凝固剤を振りかけ、上の袋だけ取り出して口をしっかり結びゴミ箱へ。

使用済みの汚物袋は、自治体のゴミ収集が再開されたら燃えるゴミとして処理しましょう。

《庭があるなら「コンポストトイレ」がお勧め!》

この例では、コンポストトイレの下側の基礎内に堆肥を溜めるための大型タンクを設置。タンクはキャスターに乗った状態で、簡単に屋外へ移動できます。ちなみに、我が家のコンポストトイレは、生ゴミを堆肥化させるための「コンポスター」を使って、そのまま土に還るようにしています。

非常時のために、家の中や庭の離れなどにコンポストトイレを設置する人は少なくありません。いずれの場合も原理は同じで、用を足したら分解を促進する米ぬかなどを投入するだけで、汚物が堆肥化してくれます。

防災メモ　コンポストトイレ用の発酵菌が市販されているので、それを投入するとより効果的です。

水も電気も不要な「コンポストトイレ」の作り方

通常、コンポストトイレは堆肥化したコンポストを定期的に取り除く必要があります。しかし、この自作トイレは発酵・分解が早いせいか、設置して10年ぐらいの間で一度も堆肥を取り出したことがありません。

これが自作の「コンポストトイレ」。コンポスターに便座を乗せるだけなので、写真のような小屋造りにせず、ブルーシートや簡易テントで目隠しにするだけでも使えます。

まず、トイレを作る位置の四隅に杭を埋め立て、それぞれをつなぐように2×4材の土台をネジ留め。

中央に深さ20㎝ほどの穴を掘り、ホームセンターで買えるコンポスターを設置します。

コンポスターがグラグラしないように、土台にさらに2×4材を入れてしっかり固定します。

土台に12㎜厚の合板をネジ留め。合板には便座程度の穴をジグソーで切り抜いておきます。

床や腰下の壁部分にも合板を張ります。こうすることで、虫の侵入を防ぐことができます。

土台の上に2×4材や合板を利用して小屋の下地、屋根、壁を組み上げていきます。このあたりの作業はある程度の知識がいるので、『小屋大全』（山と溪谷社刊)を参考にしてみてください。

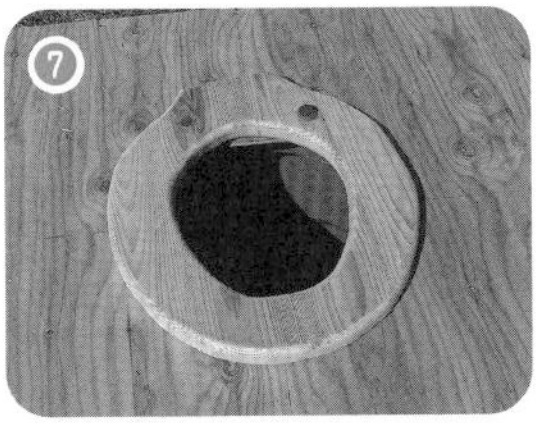

便座を蝶番で取り付けます。写真は自作品ですが、もちろん市販品を利用してもOKです。

最後に扉を2×4材や板材で作って、トイレ小屋に蝶番で取り付ければ完成です！

防災メモ　コンポスターの代わりに、塩ビやポリカーボネートの「波板」で囲いを作ると、より安価にできます。

断水時に役立つ「雨水利用」の仕組み

生活用水を自給自足するための知恵

災害時には、水道が使えなくなる「断水」になる恐れもあります。私たちの場合は、停電後3日目に断水になり、その後長期にわたって水道が使えなくなりました。飲料や料理に使う水はもちろん、お風呂も入れませんし、前述のトイレも流せません。とくに女性にとっては、停電以上の不便さがあったと思います。

124ページでも解説しますが、断水時の水の確保としては行政が手配する給水車やペットボトル水などをもらう方法があります。しかし、水というのは結構な重さがあって、実際に配給してもらうのはかなりの重労働でした。配給場所が遠かったりすると、高齢者にとっては苦行だと思います。

そんな水の確保の苦労を少しでも軽減するために、近年、密かに人気になっているのが「雨水利用」です。これは、あらかじめ生活用水を備蓄しておく方法で、建物の屋根に降った雨水を樋（とい）を通じてタンクに溜めるスタイルが一般的です。屋根にはホコリや枯れ葉などが付着するので、雨水をそのまま飲料にすることはできませんが、トイレの洗浄水などには十分に役立ってくれるでしょう。もちろん、普段使いとして家庭菜園や洗車、打ち水などにも活用できます。

雨水システムの仕組み

この雨水利用の装置は原理が単純なので、DIYで自作することも簡単です。使用するタンクの容量は市販品だと200ℓ程度のものが多いですが、スペースさえ許せば500ℓクラスがあると災害時には安心です。

作り方は、雨水を地上まで流す樋に集水用のアダプターを取り付け、そこからタンクまでパイプをつなげるだけ。雨水のゴミを取り除くために、フィルターを途中に介してもいいでしょう。左ページのシステムは、タンク内が満杯になったときのためにオーバーフロー管を取り付けた例です。オーバーフローしても大丈夫な環境なら、もっと単純に大きめの樽やバケツなどに樋からの雨水を流し込むだけでも立派な雨水利用となります。

なお、農業用タンクを使用する場合、タンクの内側に光が透過すると藻が発生しやすくなるので、外側を黒く塗装したり、農業用の遮光ネットを被せて光を遮るのも効果的です。

防災メモ　現在、全国的に水道管が老朽化して、震度５の地震でも損傷・断水する可能性が増えています。

《雨水利用システムの仕組み》

雨水利用の基本は、屋根に降った雨が集まる樋の途中に「集水器」を取り付け、そこからホースやパイプを介して雨水をタンクに溜めるスタイル。したがって、タンクを設置する場所は屋根の近くにすると、配管などの無駄がないでしょう。取り付け方は、垂直になっている縦樋の途中をノコギリでカットして集水器を取り付け、さらに集水器とタンクをホースでつなぎます。シンプルな製品を利用すれば、DIYに不慣れな人でも２～３時間で設置できるでしょう。

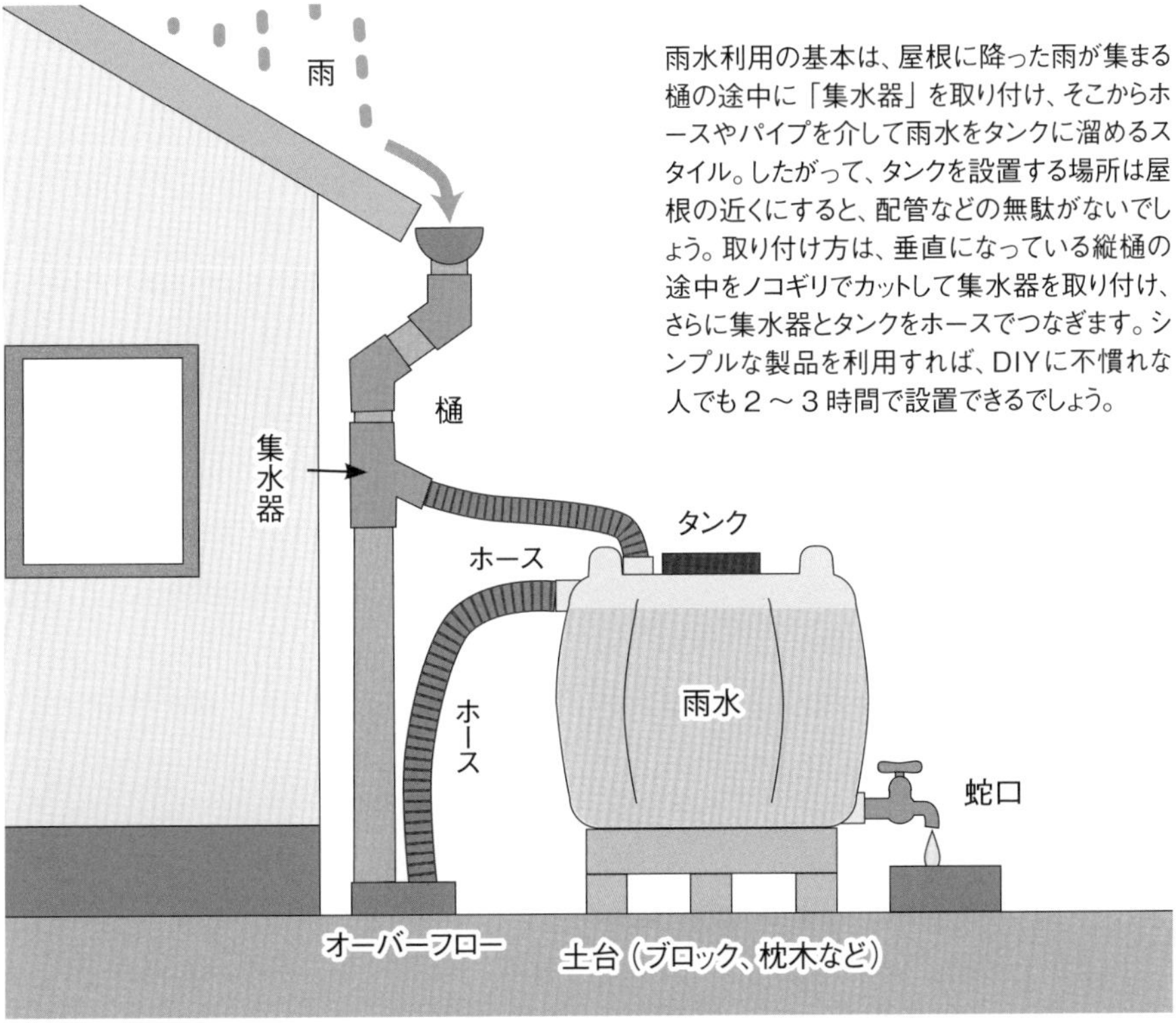

《タンクと集水器について》

雨水専用タンクなら配管やオーバーフローを考慮しているので、DIYでの作業が簡単になります。また、しっかり遮光されているので藻が発生する心配もありません。ただし、価格は少々高くなります。一方、写真のような農業用タンクは割安ですが、藻の発生を抑えるために外側を黒く縫ったり、遮光ネットを被せるなどの工夫が必要です。

集水器は塩ビ管などで自作も可能ですが、市販品を使えば作業時間を短縮できます。自宅の樋の形状（丸形、角形）や直径に適合したタイプを選びましょう。

防災メモ　タンクの代わりに樽やドラム缶などを利用する場合、ボウフラの発生を防ぐためにフタを取り付けましょう。

災害時の「SNS」の威力に驚愕した日々

私が体験した台風被災では、地域によって1カ月近い長期の停電がありました。そんな状況下、私の知人女性が台風被災の数日後にFacebookで協力を呼びかけたところ、なんとその当日に新品の発電機が自宅に届けられたそうです。提供してくれた方は、自宅のある埼玉からわざわざやってきて、途中のホームセンターで発電機を購入してきてくれたのだとか。また、別の知人もSNSで救済物資を募集したところ、数万件のリツイートにつながり、行政をも動かす原動力となりました。

そして、本書の執筆中（2020年7月4日未明）に発生した熊本の洪水でも、その翌日には災害支援募金を募るNPOの情報が私のFacebookに流れてきました。また、とあるSNSでは、浸水時の泥汚れを落とすための洗浄機を提供したり、自宅に住めなくなってしまった方々に一時宿泊所を提供するページも立ち上がりました。ツイッターでも、食料や水などの無料配布、ボランティアの情報などが行き交っています……。

実際のところ、SNSの情報は正確でないことも少なくありません。また、災害で物流が途絶していれば救援物は届きませんし、やっと届いたときにはすでに物資が過剰になっている状況も多いです。被災者と提供者をつなぐマッチングサイトもありますが、確実なのは冒頭で紹介したような個人同士のやりとりになると思います。

いずれも本来なら行政に頼ってしまうところですが、私たちの体験だとそれを待っていたらいつ協力を得られるかわかりません。それなら「自助・共助」の考え方でスピーディに物事を進められるSNSの利用は、いまの時代において必須の防災対策になり得るのではないでしょうか。

被災地発のSNSは、現地のリアル情報を正確、かつスピーディにわかりやすく伝えることで、頼れる防災対策のひとつになりそうです。

第3章 体験してわかった「備蓄」のノウハウ

自宅避難に備えた「備蓄」は、
普段から食べ慣れた食料や
使い慣れた生活用品を
ストックするのが基本だわ。
子供や高齢者、ペット用の
備蓄も忘れずにね！

体験したからわかる「食料の備蓄」の本音とは？

備蓄品は「ローリングストック」で無駄なく！

　大地震や大型の台風、洪水などが発生した場合、そのエリアではしばらく大混乱が続き、当たり前だった日常の暮らしが一転して、その瞬間から避難生活が始まります。スーパーやコンビニには買い物客が殺到し、食料品や生活必需品はあっという間になくなります。頼りのはずの救援物資もすぐにやってくるとは限りませんし、配給が始まったとしても早い者勝ちになるケースが少なくなく、長蛇の列ができると、とくに高齢者や子供連れにはつらい時間となります。

　そんなときこそ頼りになるのが、飲食料や生活用品などの「備蓄」です。たとえば飲食料の場合、これまでの目安では3日分の備蓄があればいいとされてきましたが、今後は災害の規模が大きくなることが予想されるため、行政でも1～2週間分の備蓄が必要との認識に変わりました。

　とはいえ、本書で提唱している逃げなくてもいい家の場合は、「1週間分の飲料水のストックがあれば大丈夫」というのが本音です。家が無事なら、日常的に保管されている缶詰や乾麺、乾物、お菓子、そして冷蔵庫に残っている野菜や肉なども無事なはず。そして、主食であるお米もストックしていることでしょう。カセットコンロなどの熱源さえあれば、鍋でご飯は炊けますし、ラーメンやホットケーキだって作れます。主食は、米や麺類などのエネルギー源となる炭水化物。おかずは、魚や肉などのタンパク質を缶詰やレトルト食品で補います。そして、非常用電源で定期的に冷蔵庫を稼働させることによって、庫内の食品も腐らせることなく有効に活用。さらに、生野菜をプランターや家庭菜園などで育てていれば、それらを摂ることで1～2週間ぐらいはそれほど不便のない食生活を送ることができるでしょう。

　そうした前提を踏まえたうえでも、絶対に必要になる備蓄が「飲料水」です。断水時には給水支援が数日後に手配されるといわれますが、大規模災害では未知数です。最低でも、ひとり一週間分の飲料水を確保しておきたいものです。

　また、水を使わないか少量の水で料理できるレトルト食品や缶詰なども日常から少し多めにストックし、消費した分をそのつど買い足す「ローリングストック」で備蓄しておくといいでしょう。台風などの予測可能な災害の場合は、さらに1週間分の備えを買い足せば完璧です。

防災メモ　ひとり暮らしなどで食材はそのつどコンビニで購入している人は、少しずつ備蓄を始めてみましょう！

いざ！というときのための備蓄リスト（飲食料）

主食	☐ 飲料水、調理用水（ひとり１日2ℓ） ☐ お米（精米、無洗米） ☐ パックご飯、レトルトご飯 ☐ 小麦粉、ホットケーキの素 ☐ 乾麺（パスタ、うどん、そうめんなど） ☐ 餅（真空パック） ☐ カップ麺、インスタント麺 ☐ パン（缶詰、冷凍） ☐ シリアル類 
主菜	☐ 缶詰（魚、肉など） ☐ レトルト食品（カレー、ハンバーグなど） ☐ 卵（常温保存可能） ☐ 冷凍食品（自作も含む） ☐ 真空パック食品 ☐ レスキューフーズ ☐ 日持ちする野菜 ☐ 生野菜（プランターなどで栽培） 
副菜、嗜好品など	☐ 即席味噌汁、即席スープなど ☐ ノリ、乾燥ワカメ、ひじき、切り干し大根など ☐ ふりかけ、食べるラー油 ☐ 梅干し、漬物 ☐ ナッツ類、魚肉ソーセージ、チーズかまぼこ ☐ 日持ちする果物（リンゴ、キウイ、柑橘類など） ☐ 野菜ジュース、甘酒など ☐ 嗜好品（コーヒー、紅茶、蜂蜜、ジャム、フルーツ缶など） ☐ お菓子（チョコレート、ビスケット、ようかん、飴など） ☐ 調味料各種 ☐ 炭酸飲料、ジュース、スポーツドリンク、アルコール飲料 

「備蓄＝非常食」のイメージがありますが、普段から家族が食べ慣れているものを少し多めにストックするだけで大丈夫です。基本的にはエネルギー源となる主食と主菜の組み合わせで、家族が１～２週間食べられる程度をつねに確保し、食べて減った分だけを補充するローリングストック法で備蓄します。なお、慢性疾患や食物アレルギーのご家族がいる場合は、それを考慮した食品類を備蓄しておきましょう。

 防災メモ　災害の状況で避難所へ行く場合は、上記をリュックに入る１～３日分ほど持ち出せばいいでしょう。

《ローリングストックの例（大人2人、1週間分の場合）》

水＝2ℓ×14本

飲料水は、調理に使う水を含めてひとりあたり1日2ℓは必要とされています。ペットボトル水は保存期間が2～5年ほどなので、1～2カ月に1本を消費して、その分を買い足します。2ℓタイプが割安ですが、ちょっと重いのが難点です。片手でも持てる500ccタイプも用意しておけば、調理などで便利に使えます。

飲料水以外に、好みのジュースやコーヒー、炭酸水、ビールなども備蓄しておくと、被災時の癒しになります。

米＝2kg×2袋

主食としてエネルギー源となる「お米」は保存性もよく、備蓄食の優等生と言えます。1食分が0.5合＝約75gとすると、4kgあれば2週間分として十分。1袋使ったら、もう1袋追加します。

レトルトご飯

最近のレトルトご飯はおいしいので、被災時の主食にもピッタリです。ひとり1週間分が7パックとして14パックあればOK。日常食としても食べられるので、なくなった分から補充します。

乾麺類

パスタ600g×2袋、うどん300g×2袋などを備蓄します。日常食としても普通に食べられるので、食べ飽きないようにいろいろな種類を多めにローリングストックしておくといいでしょう。

レトルト食品

被災時の食事では、メインのおかずとして重宝します。こちらも2年ほどの保存期間がありますので、日常食で2～3パック食べたら、そのつど買い足しましょう。

缶詰

タンパク質系の魚（サバ缶、サケ缶など）、肉（牛丼など）をメインに15缶ほど備蓄します。賞味期限は2年程度ですが、普段食として活用しながらローリングストックしていきます。

副菜・嗜好品

副菜や嗜好食品などは、普段から食べ慣れているものを少し多めに備蓄して、食べて消費した分から、適宜買い足していきます。

防災メモ　上は1週間の例ですが、保存スペースの余裕があれば2週間分のストックをするとより安心です。

《「お米」は精米のほかにインスタント系も便利》

【精米、無洗米】

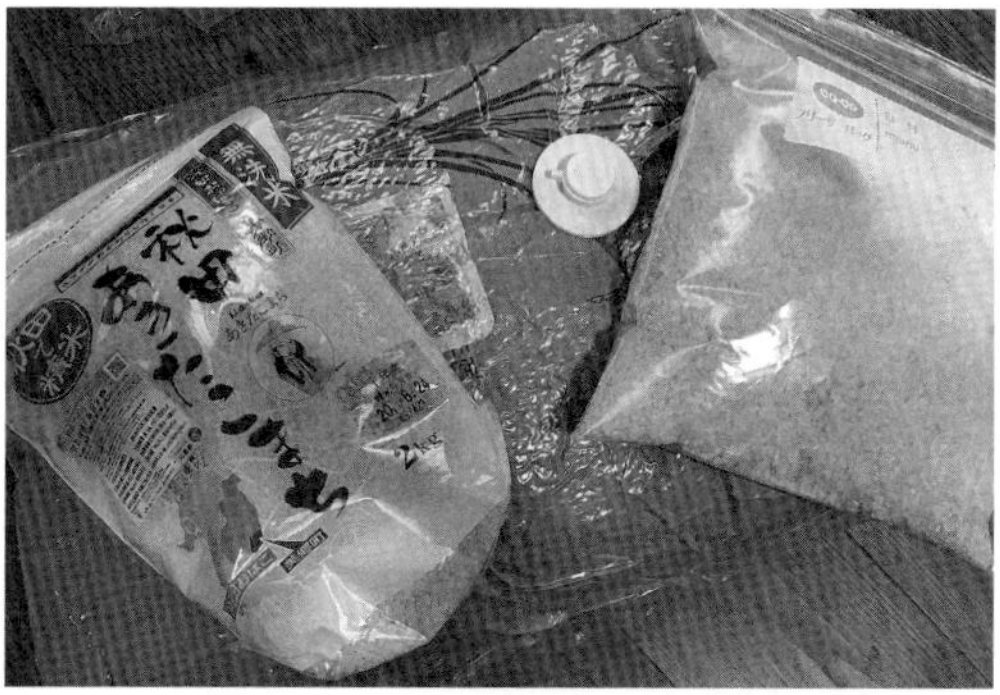

どこの家庭でも「お米」は主食としてつねに備蓄していると思います。非常用としては４～５kgもあれば十分ですが、もちろんもっと多ければ安心です。普通に買える「精米」のほか、多少賞味期限が長くて、とぎ水が不要な「無洗米」も災害時には便利です。ちなみに、我が家では一年分のお米を備蓄していますが、保存にはビニールの「布団袋」を使っています。掃除機で真空パックできるので、備蓄用には便利です。

【パックご飯】

被災時には、ご飯を炊くのが大変かもしれません。そんなときの便利な主食が「パックご飯」。お湯に入れて温めるだけで、ホカホカのご飯になってくれます。１年間の保存期間があります。

【レトルトご飯】

アルファ米を使った「レトルトご飯」もあります。かつてのアルファ米はおいしくなかったですが、現在の商品は普通のご飯と遜色ありません。保存期間が５年前後なので、備蓄用としてお勧めです。

《お米以外の主食も用意！》

被災時でも、毎回お米のご飯ばかりだと、どうしても飽きてしまいます。たまには、麺類やホットケーキ、お好み焼きなども食べられるように、乾麺やカップ麺、小麦粉なども備蓄しておきましょう。真空パックのお餅やパンの缶詰なども長期の賞味期限がありますのでお勧めです。

防災メモ　お米は、ビタミンが豊富で保存性にも優れた「玄米」で備蓄しておくのもいいでしょう。

《おかずは缶詰やレトルト、嗜好品もぜひ備蓄を！》

備蓄系のおかず（主菜）は、やはり「缶詰」が代表格。サバ缶やツナ缶などの魚系、焼き鳥缶や牛丼缶などの肉系なら、タンパク質も十分なので被災食として活躍してくれます。また、カレーやパスタソースなどの「レトルト食品」も保存期間が長く、かつ日常食としても使えるのでローリングストック向きといえるでしょう。タマネギやジャガイモ、ニンジンなどの「日持ちする野菜」も長期の避難生活ではうれしい食材となります。こうしたメインのおかず以外にも、汁物や卵、漬物などがあると被災時の食卓の幅が広がります。

【昔ながらの保存食】

高野豆腐や切り干し大根、干した海藻などの「乾物系」も手軽な保存食として活用できます。我が家では、普段から魚の干物、干し野菜などを作っていて、被災したときには役立ちました。

【果物や嗜好品がうれしい！】

私たちが被災したとき、うれしかった救援物資のひとつが「果物」でした。「お菓子や嗜好品」なども含めて被災時の疲れた心身を癒やしてくれます。ぜひ、これらもローリングストックしておきましょう。

防災メモ　災害時でも口に合わないものは食べにくいので、普段から食べ慣れたものを備蓄するのが基本です。

《冷蔵庫が最強の「備蓄庫」になる》

災害で停電になると冷蔵庫は使えませんが、食料備蓄庫として十分に活用できます。停電になったら、冷凍食品を冷蔵庫内の最上段に移し替え、庫内全体がまんべんなく冷えるようにすることで、ほかの食品も数日間は日持ちします。庫内の食品を優先的に食べるようにして、缶詰やレトルト食品などの保存食は庫内のものがなくなってから食べると無駄がありません。

我が家では、ご飯やチャーハン、カレーなどをジッパー袋に入れて「冷凍保存」しています。後述の専用冷凍庫なら停電でも1週間ぐらいは日持ちするので、被災時にはとても重宝しました。湯煎するか、直接鍋で温めるだけでおいしく食べられます。

ワンポイント・アドバイス

「職場」での備蓄

2011年の東日本大震災では、東京でもすべての公共交通がストップしました。このため、幹線道路が大渋滞して消防車や救急車は立ち往生。歩道や駅のホームなども帰宅を目指す人々で身動きできないほどの大混乱となりました。こうした「帰宅困難者」に対応するため、東京都では災害後はできるだけ避難せずに建物内にとどまること、事業者は最低3日分の飲食料の備蓄をすることなどを条例化しています。

職場によっては体制が整っていないケースもあると思いますので、その場合は自己責任で最低限の飲食料や常備薬などを備えておきましょう。家族と連絡がつかない場合でも、こうした防災対策を確実にしておくことで、お互いの安心感につながってくると思います。

《「生野菜」を備蓄する》

避難生活で貴重になるのが「新鮮な野菜」です。とくに「生野菜」があるだけで食卓は一気に潤いますし、身体の調子を整えるにも必須でした。ベランダのプランター菜園で普段から野菜作りを楽しんでおけば、被災時にも必ず役立つでしょう。プランターの置き場所は日当たりと風通しのいいベランダが理想で、ベビーリーフやプチトマト、小松菜などが作りやすいです。

防災メモ　プランター野菜は、台風が来襲する前に室内へプランターごと避難させておきましょう。

「生活用品」の備蓄は、使い慣れたものでOK！

衛生用品は多めにストック。カセットコンロも必須！

よく聞く防災対策としてサバイバルグッズの活用がありますが、それらを用意するならむしろ普段から使っている「生活用品」を充実させたほうがいいでしょう。被災時の暮らしをストレスなく過ごすためには、ごく当たり前の使い慣れた生活用品が一番役立つのです。

左ページは、私たち同様に災害を体験した老若男女から聞いた「被災してわかった生活用品の備蓄リスト」です。特別なものはなく、ほとんどが日常から使っているものばかりです。とくに、断水になるとどうしても不衛生になりがちなので、ウェットティッシュやウェットタオルなどの「衛生用品」は多めに備蓄しておきたいです。いまの時代は新型ウイルスへの防衛も必須となっていますので、マスクや除菌アイテムなども多めに常備しておきましょう。また、私たちが被災したときは暑い時期だったせいか、ハエや蚊などの虫が大発生して虫除けグッズも活躍してくれました。これらをローリングストックで備蓄しておけば、いざというときでも慌てる必要はありませんし、心の余裕も持てるはずです。

災害時に役立つ防災用常備品のいろいろ

一方、防災用に常備したいものとしては、ランタンや懐中電灯などの「ライト類」が挙げられます。我が家が長期停電したときも各部屋やトイレなどを照らすためにライト類は何個あってもいいぐらいに活躍してくれました。乾電池式が基本ですが、非常用電源があれば充電式も便利です。

そして、「カセットコンロ」も必須。とくに、都市ガスがストップしたり、停電でIHクッキングヒーターが使えなくなる恐れがある家庭では、温かい料理を作るためにも必ず用意しておきましょう。

また、現代の防災品で必須なのが「スマートフォン」です。通話はもちろん、SNSなどによる安全確認や情報収集、ハザードマップや避難・帰宅ルートの確認、天気予報のチェックなど、ラジオやテレビ以上に役立ってくれます。ときには気晴らしのためのゲームも役立つでしょう。

そして、絶対に用意しておきたいのが「非常用トイレ」。とくに生活水やコンポストトイレを用意できない場合は、自宅のトイレを非常用として使用できます。

防災メモ　ライト類はソーラー充電式もあって、数時間の充電でひと晩ぐらいは使えて便利です。

いざ！というときのための備蓄リスト（生活用品）	
生活用品	☐ 大小ポリ袋（～45ℓ。各50枚） ☐ 食品用ラップフィルム類、アルミホイル（各2本） ☐ ティッシュペーパー（5箱）、トイレットペーパー（12ロール） ☐ タオル、ハンカチ ☐ 使い捨てカイロ（20個）、USB充電式カイロ ☐ 乾電池、充電器 ☐ 救急セット、虫除けスプレー、蚊取り線香、ハエたたき ☐ メガネ、使い捨てコンタクトレンズ（1カ月分）
衛生用品	☐ ウェットティッシュ（100枚×3箱）、ウェットタオル ☐ 使い捨て下着 ☐ 除菌スプレー、消臭スプレー ☐ 使い捨てマスク（50枚） ☐ 常備薬、体温計、トゲ抜き、目薬、リップクリームなど ☐ マウスウォッシュ、ドライシャンプー ☐ 冷却ジェルシート、冷感シート ☐ 生理用品、化粧品（女性）
防災用常備品	☐ LEDランタン、ヘッドランプ、懐中電灯 ☐ カセットコンロ、ガスボンベ（12本以上）、ヒートパック ☐ 紙皿、紙コップ、割りばし、使い捨てフォーク・スプーン ☐ 非常用トイレ（1週間分）、便座シート、ペットシーツ、防臭袋 ☐ 使い捨てビニール手袋（1箱）、軍手（10組） ☐ アルミ保温シート ☐ ウォータータンク、浄水器、クーラーボックス（20～40ℓ） ☐ 非常用電源、照明器具 ☐ 携帯ラジオ ☐ 消火器
その他	☐ スマートフォン（モバイルバッテリー、充電ケーブル） ☐ SNSのアカウント ☐ 現金、保険証

食品同様に、生活用品も普段使い慣れたものをローリングストックしていくと無駄が出ません。とくに、衛生用品は災害発生後すぐに売り切れになるので、多めに備蓄しておくことをお勧めします。カセットコンロは、屋外で使うことも想定して風に強いタイプが便利です。予備のボンベも多めに用意しておきましょう。

《「生活用品」は使い慣れたものを！》

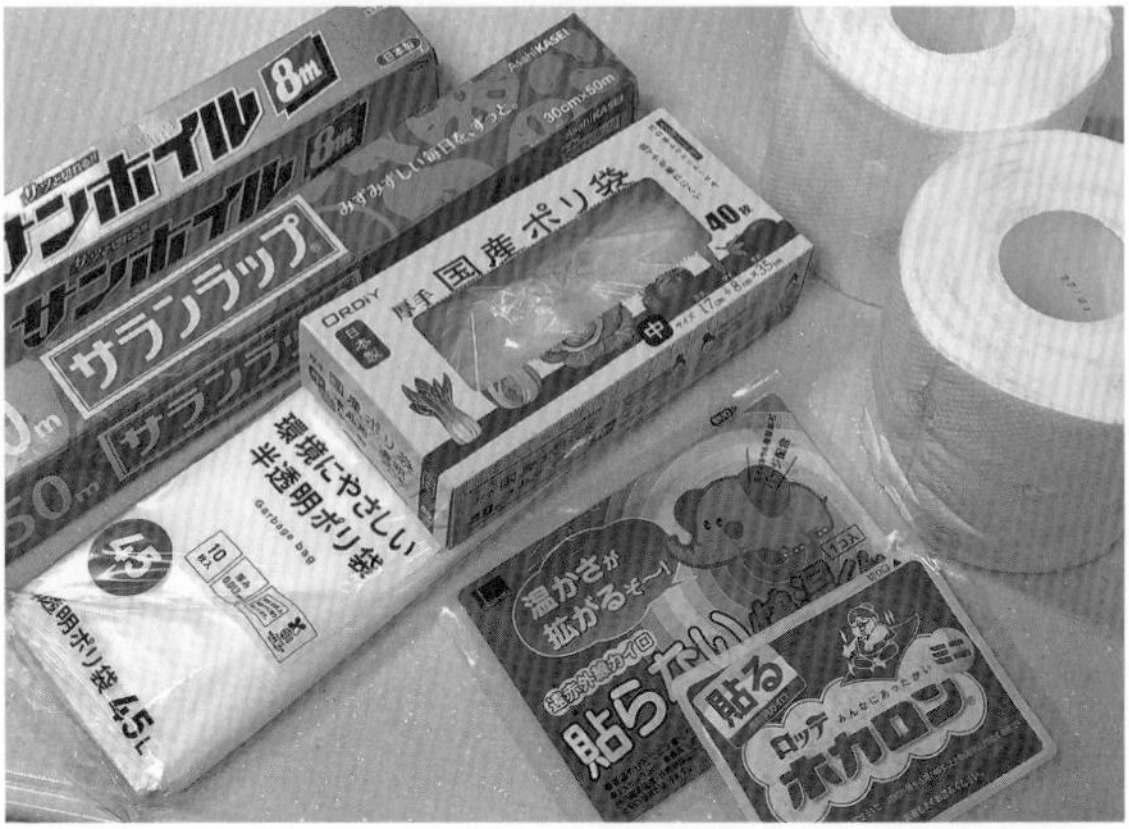

ポリ袋は何かと便利なので、大小含めて多めに備蓄します。熱に強いタイプなら、料理にも活用できます。また、食器の水洗いを最小限にするために、食品用ラップフィルム類も用意しておきましょう。トイレットペーパーなどの消耗品は、災害が発生するとすぐに売り切れます。食器拭きなどいろいろと使い道が多いので、２カ月分ぐらいは備蓄してもいいと思います。乾電池は単3や単1をメインに備蓄します。日光が当たる場所や高温多湿を避け、ローリングストックで補充すると無駄がありません。

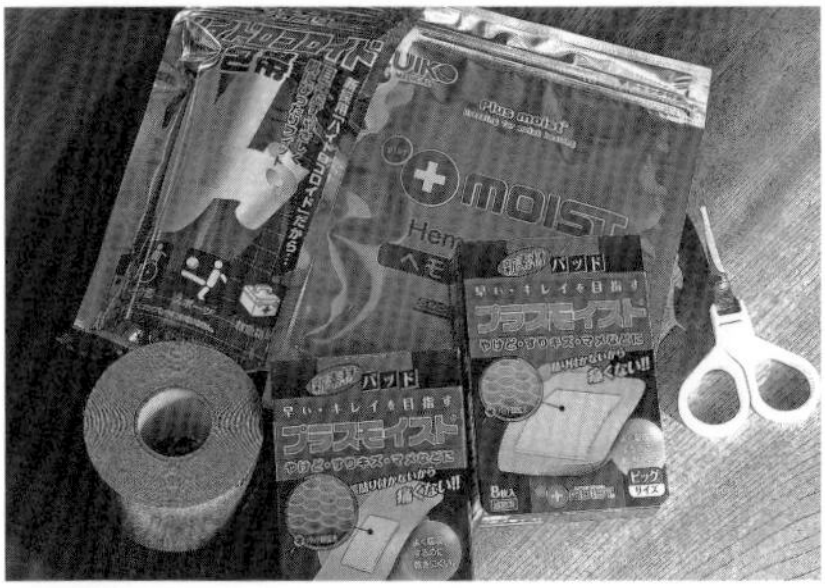

【救急セット】

被災時にケガや病気をしてもなかなか病院に行けないことがあるので、救急セットは必ず常備しておきます。内容は傷薬、消毒液、滅菌ガーゼ、絆創膏、整腸剤、頭痛薬などのほか、常備薬も忘れずに。

【虫除けグッズ】

夏場の被災地では、ハエや蚊などの虫が発生しやすくなります。虫除けスプレーやハッカ油は被災時の必需品と考えましょう。もちろん、昔ながらの蚊取り線香やハエたたきなども活躍してくれます。

《「衛生用品」は多めにストック》

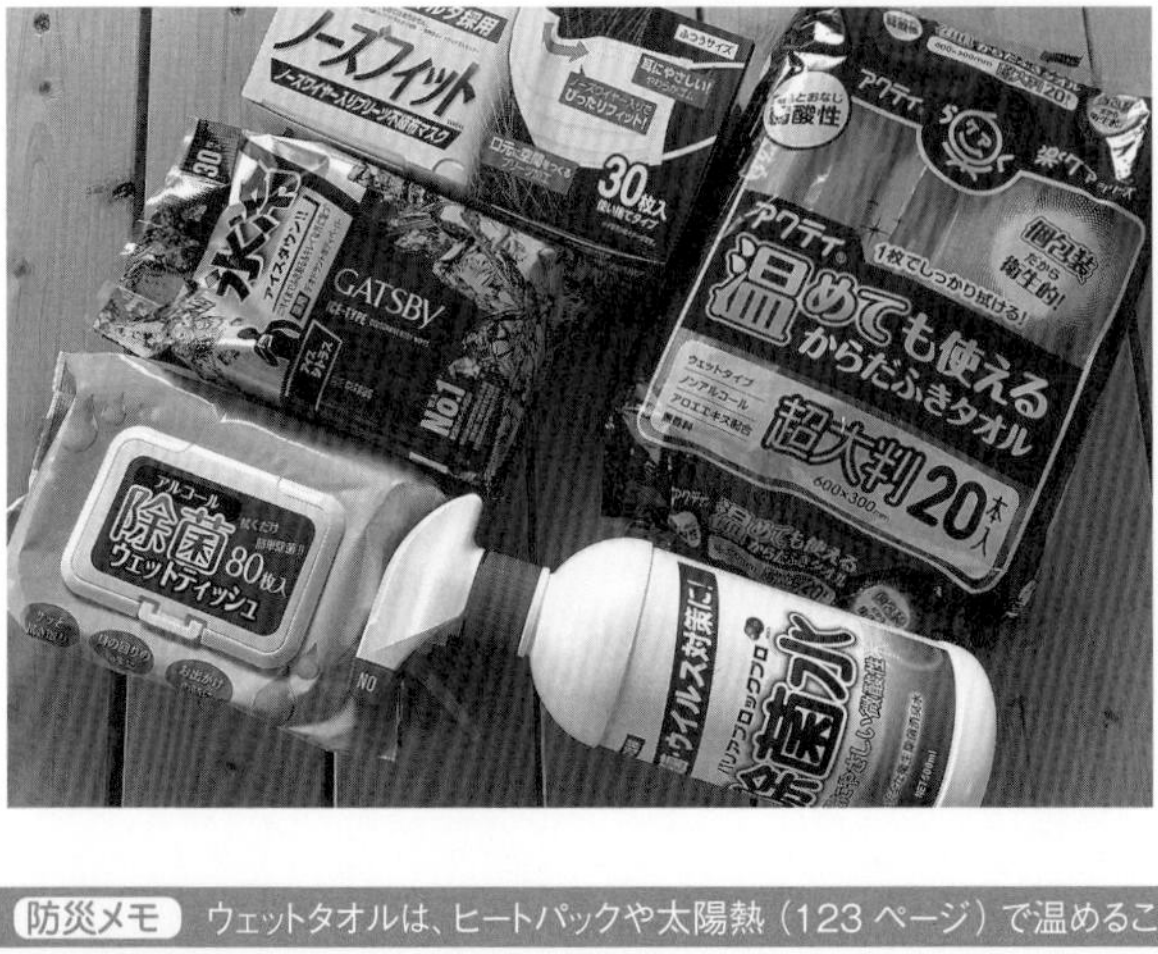

災害時には水が貴重になるので、ウェットティッシュや大判のウェットタオルがとても役立ちます。とくに、お風呂に入れない状況では、大判のウェットタオルを温めて使うと重宝します。また、新型コロナウイルスなどの感染予防としてだけでなく、ガレキの片付けや掃除などでは粉塵防止用にマスクが必須です。本来なら洗って何度も使えるマスクが便利ですが、被災時は水が貴重なので使い捨てでいいでしょう。

防災メモ　ウェットタオルは、ヒートパックや太陽熱（123 ページ）で温めることができます。

《防災用常備品、常備品》

【ライト類】

ライト類は、テーブルなどに置いて使う「ランタン」、強力な光で遠くを照らせる「懐中電灯」、両手が使えて作業時にも役立つ「ヘッドランプ」の３種類をそれぞれ複数個用意しましょう。

【カセットコンロ、ガスボンベ】

防災グッズの超定番。我が家で使っているイワタニのコンロは、五徳の周囲に風防が付いているので、屋外でも力強く料理を温めてくれます。ガスボンベは1週間分として 12 本あると安心です。

【消火器】

万一の火災発生に備えて、消火器も常備しておきましょう。家庭用には、木材や油、電気機器などの火災に使える「ABC 粉末消火器」が一般的。主に火を扱うキッチンまわりに設置します。

【ヒートパック】

火を使わずに薬剤と水の化学反応だけで、レトルト食品や缶詰などを温められる便利アイテム。蒸気の熱で温めるので、蒸し器のようにも使えます。ウェットタオルを温めるのにもいいでしょう。

もちろん、これらにプラスして
「スマートフォン」や「バッテリー」も
つねに使える状態にしておこう！

ワンポイント・アドバイス

「現金」は必要か？

近年はクレジットカードやスマートフォンによるキャッシュレス決済をする人が増えています。しかし、災害時に店舗が停電になると決済不能となり、現金払いしか受け付けてくれなくなります。それなりの備蓄をしていれば多額のお金を用意する必要はないので、千円札や 500 円玉で１万～２万円用意すればいいでしょう。

防災メモ　消火器は、使用期限（3 ～ 5 年）が過ぎたら必ず交換しましょう。

あると便利な補修アイテムとDIYツール

「逃げなくてもいい家」を自分で補修するために……

前ページまでの飲食料や生活用品の備蓄があれば、当面の避難生活は大丈夫でしょう。ここでは、それら以外で私たちが「あって便利だった！」ものをご紹介してみます。

まず、これは便利、というかむしろ必需品だったのが「応急修理用のアイテム」です。私たちが体験した爆弾台風では、ほとんどの建物が多かれ少なかれ損傷する事態になりました。一番多かったのは「雨漏り」で、その修繕のためにはシートやロープ類、土のう袋、防水テープなどが必要でした。また、窓が破れた建物にもシートなどを応急的に張りました。シート類は救援物資でも支給されましたが、足りない分をホームセンターで求める人も多く、早々に売り切れになる店舗が続出。台風に限らず、地震などの災害でもこうした修繕用品は備蓄しておくべきだと強く感じました。

また、これも必需品に近いのが「DIYツール」。我が家の場合、建物は無事だったものの、庭の門柱が倒壊したり、物置小屋の扉が外れたり、薪を保管している棚の屋根がはがれたりしました。その修理のために必要だったのが、インパクトドライバーやノコギリです。そして、ガレキの片付けではチェーンソーも大活躍でした。一般の家庭ではそこまで用意することもないと思いますが、もしも大地震でご家族や近所の人が崩壊した建物に閉じ込められた場合、これらのDIYツールがあれば、すみやかに救える可能性が大きく違ってくるのです。せめて、バールやハンマー、ノコギリ、スコップぐらいは用意しておけば必ず役立つと思います。

被災時に役立つ文明の利器と昔ながらの知恵

備蓄とは少し異なりますが、真夏の被災経験で役に立った電化製品が2つあります。それが、「上開き式の冷凍庫」と「100Vのエアコン」です。上開きタイプの冷凍庫は、扉を開閉するときに冷気が逃げにくいメリットがあります。通常の冷蔵庫よりも断熱性が格段に優れていることもあって、停電して1週間ぐらい経っても庫内の氷が残っていました。2日に一度、発電機で数時間だけ稼働させれば普通の冷蔵庫並みに使えたのです。価格は2万円前後からなので、置き場さえあれば防災用に買って損はないでしょう。

100Vエアコンは、前述したように発電機やポータブル

防災メモ　ガレキの片付けでは、長靴（クギの踏み抜き予防のソールも便利）や軍手などもあるといいでしょう。

あると便利な備蓄いろいろ	
補修用アイテム	□ シート類、防水テープ、土のう袋、ロープ類、農業用マイカ線 □ 段ボール紙、新聞紙、布テープ、ハンディラップ □ 防水ブチルテープ、ヒビ割れ補修材 □ コーキング材、コーキングガン
DIYツール	□ インパクトドライバー、各種ネジ（コーススレッド、ステンネジ） □ ノコギリ、丸ノコ、プライヤー、ペンチ □ かなづち（ハンマー）、バール（クギ抜き）、大型カッターナイフ □ スコップ、剪定用ノコギリ、チェーンソー □ 長靴、踏み抜き防止用インソール、革手袋、軍手、雨具など
家電類	□ 上開き式冷凍専用庫 □ 100 Vエアコン、扇風機 □ 電気毛布、石油ストーブ □ 12 V用直流家電（LEDライト、電気毛布、炊飯器など）
その他	□ ほうき、ちり取り、ござ、よしず 、うちわ、毛布など □ ホワイトボード（伝言、メモ用）、筆記用具、メモ帳 □ バーベキュー用品（コンロ、炭、火バサミ、着火剤、ライター） □ ガソリン、灯油など

電源で使えるのがメリットです。最近の大型エアコンは200Vタイプが多いので、家のどこかの部屋に100Vの15Aタイプを設置しておけば、暑い時期の被災ではオアシス的な空間になることでしょう。設置が難しいようなら、昔ながらの扇風機やよしず、ござ（冷感シートでもOK）などの利用を考えてみましょう。寒い時期には、電気毛布も役立つと思います。なお、非常用電源の12Vの電気で使える「直流家電」については、77ページで紹介している通りです。

そして何といっても、我が家で重宝したのが「ガソリン」の備蓄です。田舎で暮らしているので普段から草刈り機やチェーンソーなどの燃料としてガソリンは常備していますが、今回はエンジン発電機を使うのに助かりました。停電時に冬場の暖を取るために石油ストーブを用意するなら、燃料となる「灯油」も備蓄しておくといいでしょう。なお、燃料の備蓄については注意が必要なので、71ページを参照してください。

防災メモ　草刈り機などで混合ガソリンを使っている場合、発電機用のガソリンと間違えないようにしましょう。

《あると便利な「補修用アイテム」》

屋根の雨漏りを応急処置するには、防水性に優れた「ブルーシート（シルバーシート）」、そして「防水テープ」と「マイカ線」などが便利です（くわしくは 135 ページを参照）。私たちが被災したとき、ホームセンターのブルーシートやテープ類はあっという間に売り切れました。被災後は数カ月間、ときには数年間も本格的な修理を待たされる可能性があることを前提に、これらのものはある程度余裕をみて備蓄すべきだと思います。

【段ボール紙、新聞紙】

シート類を備蓄する置き場がなくても、最低限、「段ボールや新聞紙」を用意しておきましょう。破れた窓をふさいだり、何かと便利に使えます。また、「ハンディラップ」もロープの代用として便利です。

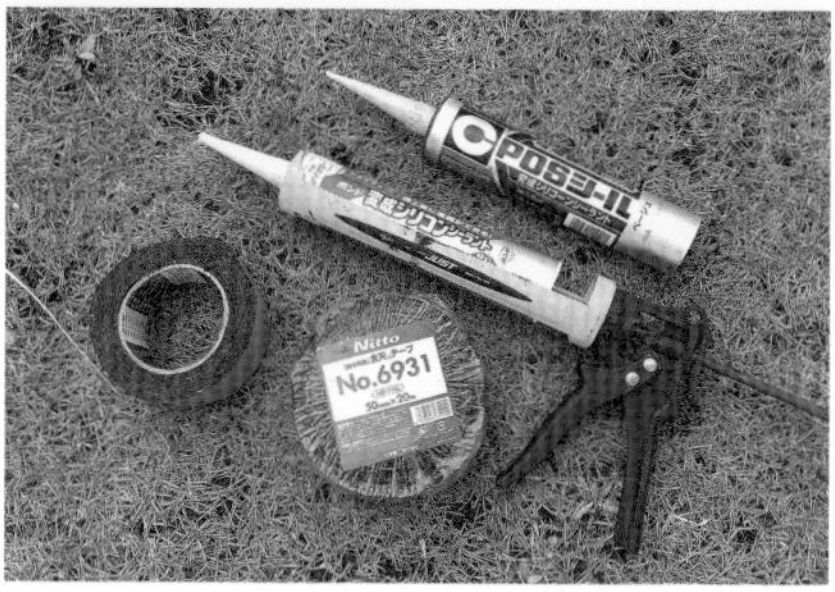

【防水テープ、コーキング材】

地震や台風などで壁に亀裂が入ったら、雨水の浸入を防ぐ応急処置が重要です（141 ページ）。ホームセンターで買える「防水ブチルテープ」や「コーキング材」などを用意しておきましょう。

《被災時には「DIYツール」も大活躍！》

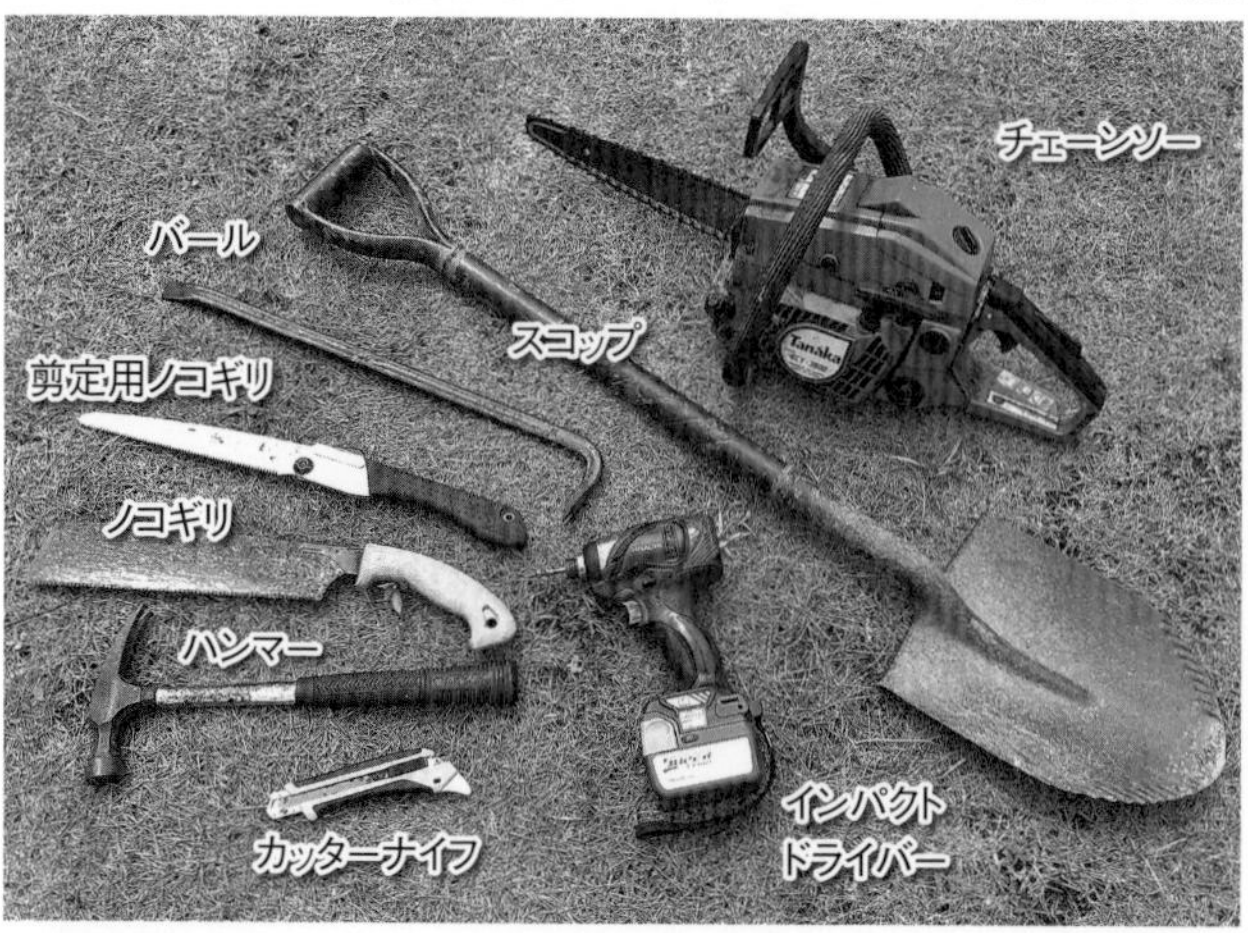

写真は、我が家の台風被害で活躍してくれた道具類です。一番役立ったのは、木材や合板などをネジ留めするための「インパクトドライバー」。また、ガレキの片付けではバールやハンマー、ノコギリなどが役立ちました。さらに、チェーンソーも太い廃材や倒木などを切るのに大活躍。もちろん、いきなり全部をそろえるのは現実的ではないので、さしあたって「バール、ハンマー、ノコギリ」から入手していくのがよいと思います。

防災メモ 非常用電源があれば、インパクトドライバーなどの充電ができます。

《被災時には冷凍庫やエアコンがあるとうれしい》

【冷凍専用庫】
上開きの冷凍専用庫はとても断熱性に優れているので、停電時には超大型のクーラーボックスとして活用できます。100ℓ程度のサイズで、価格は２万円前後の製品が多いようです。

【100 V用エアコン】
非常用電源では 200 Vの電化製品が使えないので、私たちが夏に被災したときには 100 Vのエアコンや扇風機が大活躍でした。エアコンは、電源プラグが通常の形状の 15Aタイプを選びましょう。

《BBQセットもぜひ！》

電気もガスも水道も使えなくなったとき、庭やベランダで料理が完結するバーベキューは意外と便利です。コンロ、木炭、トング、着火剤などのほか、水を節約するために使い捨ての紙皿も用意しましょう。

《先人の知恵に学ぶ》

停電時は掃除機も使えませんから、ほうきやちり取りは必須です。また、暑さ対策としてよしずやござ、蚊帳（かや）といった電気を使わない昔ながらの道具を活用するのもいいでしょう。

ワンポイント・アドバイス

「自動車」にも備蓄する

　自動車で外出した先で災害に遭う恐れもありますので、車内にもある程度の備蓄が必要です。火を使わずに食べられる非常食と飲料水、ライト類、非常用トイレ、医薬品、毛布などのほか、緊急脱出用ハンマーもあるといいでしょう。ただし、カセットボンベや缶詰などは、夏の炎天下に放置すると破裂の危険があります。

車内は温度変化が激しいので、とくに食料のローリングストックは早めに回転させましょう。

防災メモ　バーベキューは、もちろんカセットコンロでも楽しめます。

「小さな子供」や「高齢者」に必要な備蓄を考える

弱者のいる家庭こそ「逃げない防災」が適している！

乳幼児や高齢者のいる家庭は、災害時はなおさら大変です。私のまわりのお子さんのいるお母さんたちに台風時の経験を聞いたところ、皆さんが口をそろえて言うのは「避難所には行きたくなかった」ということ。避難所は、①授乳やおむつ替えなどができるスペースがない。②子供が騒いだり泣いたり歩き回ったりするので気を使う。③トイレや食べ物が子供仕様になっていない……などが気になるようでした。これは、高齢者、とくに足腰が不自由な方や持病のある方がご家族にいる場合も同様です。慣れない場所での寝起きや落ち着かない環境、いつもと違った食事、そして暑さや寒さ。こうしたストレスで、体調を崩してしまう人も多いと聞きます。

そういった弱者のいる家庭こそ「逃げない防災」が適しています。そのためにも、96ページ以降で紹介している備蓄品に加え、下表のようなアイテムをローリングストックで備蓄しておきましょう。とくに乳幼児用品は、月齢単位で使用できるサイズや必要なものがどんどん変わっていくので、短いサイクルのローリングストックを心掛けましょう。

小さな子供、高齢者に用意したい備蓄品	
乳幼児 子供	□ 粉ミルク、使い捨てほ乳瓶、液体ミルク □ ベビーフード（瓶・レトルト）、使い捨てスプーン □ 使い捨てエプロン、スタイ（よだれかけ） □ 安心できるもの（ぬいぐるみ・おもちゃなど） □ 紙おむつ、お尻拭き、処理袋 □ 汗拭き、あせもローション、ウェットティッシュ □ お菓子類、子供用ジュース、子供用イオン飲料 □ 使い捨てカイロ（液体ミルク、フードの温めも可能） □ 冷却ジェルシート、小児用薬（解熱薬、かゆみ止めなど）
高齢者	□ 介護レトルト食、栄養補給ゼリー飲料など □ 常備薬 □ 大人用おむつ、お尻拭き、ウェットタオル □ 老眼鏡、補聴器（電池も忘れずに）、入れ歯洗浄剤 □ 嗜好品（甘いものなど、普段から好きなもの）

防災メモ　熊本地震をきっかけに、近年、液体ミルクが発売されました。常温保存でき調乳不要、備蓄に最適です。

そして、被災時もなるべく普段の生活ペースを崩さないように過ごすことも大切です。子供はエアコンや扇風機などを動かして涼しい場所で昼寝をさせたり、お風呂が無理でも、昼間のうちにぬるま湯で行水させるなど、清潔を保つ工夫をします。

お年寄りは、断水やトイレの不便さから水分の摂取を控えてしまい、熱中症や便秘、重大な疾患（脳梗塞など）になる人も多いので、こまめに水分を摂らせ、食事のバランスにも気をつけましょう。

ただし、透析や定期的な受診が必要な人、常備薬が残りわずかな人などは、無理に自宅避難せず支援を受けることも大切です。

そして周囲の高齢者だけの世帯には、ぜひ声をかけましょう。スマートフォンやパソコンの扱いに不慣れな高齢者のもとには支援の情報が入りにくく、また、自動車を持たない、足が悪いなどの理由で救援物資を取りに行けずに取り残されてしまう人も多いのです。「共助」の心掛けを大切に。

《備蓄は１週間分が目安》

近年の災害の増加で救援物資のノウハウが確立されてきているので、乳幼児・高齢者用品も物資が届き始めれば、たいてい手に入ります。それまでの分（３日～１週間分）を少し余分に備蓄しておきましょう。

ワンポイント・アドバイス

子供の預け先を調べておく

被災時でも仕事に行かなければならない人も多いはず。保育園は災害後でも比較的早く再開するところが多いようです。

しかし、停電や断水が続くと給食なしだったり、受け入れ人数や時間が制限される場合もあります。普段、子供がお世話になっている保育園とは随時連絡を取って状況を確認しておきましょう。

また、普段と違う生活が続くと、子供は体調を崩しがち。仕事が休めない場合に備え、病児保育についても普段から複数の受け入れ先を調べておくと慌てません。

親が復旧に力を注ぎ、元気に過ごすためにも、子供の預かりをお願いすることは大切です。

防災メモ　断水に備えて浴槽に水を溜める場合、フタやドアのロックなどをして子供の落水事故を防ぎましょう。

「ペット」の自宅避難のための対策と備蓄

可愛い家族の一員の命を守れるのは、飼い主だけ！

一般社団法人ペットフード協会の調査によると、2019年現在で、日本国内で約880万匹の犬、約978万匹の猫が飼われているそうです。いまやペットも家族の一員で、人間の防災を考えると同時にペットのことも考えなければならない時代となっています。しかし、環境省の「熊本地震におけるペットの被災概況」という資料によると、熊本地震の際、ペットと同行避難した人がいた避難所のうち、屋内での同伴が許可されたところは、全体の約3分の1だったそうです。一緒に避難したもののペットを屋内に入れられなかったため、自宅に置いてきたり、車中泊した人も多かったといいます。

動物も被災時にはストレスがたまります。可能であれば自宅避難で一緒に過ごしましょう。

少しずつペットとの避難についても検討が進んでいますが、現状を考えると自宅避難がベターといえるでしょう。

災害時にペットの命を守る前提として、屋外で飼っている場合は、ブロック塀、カーポートの支柱付近、ガラス窓の下などにつながないこと。室内の場合も、災害時に万が一逃げ出さないように、就寝時や外出時はなるべくケージに入れておくと同時に、ケージの近くに家具などがある場合は、転倒防止策をしっかりしておくことが大切です。

同時に、ペットのための備蓄も十分に用意しておきましょう（次ページの表参照）。ペット用の救援物資は、被災地に届くスピード・量とも後回しになりがちなので、とくに薬や療法食など体調に関わるものは多めに常備し、使いながら買い足していくようにしましょう。

災害時は、ペットもストレスがたまります。吠えがちになったり、怖がりになったり、便秘や下痢などの症状が出ることもあります。水分を十分に摂らせて、なるべく静かに過ごせるようにしてやります。また、犬は汗線が少ないので、暑さ対策はしっかりと。クーラーを稼働できなければ、冷却シートや首に巻く冷却バンダナなどを用意して、少しでも涼しく

防災メモ　単にペットと避難することを「同行避難」、避難所室内で一緒に過ごせる状態を「同伴避難」と呼びます。

過ごせるようにしてやりたいものです。

災害直後は、地面にガレキなどが散らばり、素足の動物が外を歩くと、足の裏をケガをする恐れがあります。片付くまで散歩は控え、あらかじめ排泄は室内でできるようにしつけておきましょう。外でないと排泄できない場合には、足カバーを用意しておき、普段から慣らしておくと安心です。

ペット用の備蓄品

- □ ペットフード、おやつ（1～2週間分）
- □ トイレ用品（ペットシーツ、猫砂、防臭袋）
- □ 持病の薬、療法食
- □ ケージ（自宅用・移動用）、毛布
- □ お手入れ用品（ウェットタオル、ブラシ、爪切り）、おもちゃ
- □ リード、ハーネス、首輪（予備も）
- □ かかりつけ動物病院の診察券、ワクチンなどの接種状況のわかるもの、飲んでいる薬や療法食の名前や量のメモ

《ペットのデータはまとめておく》

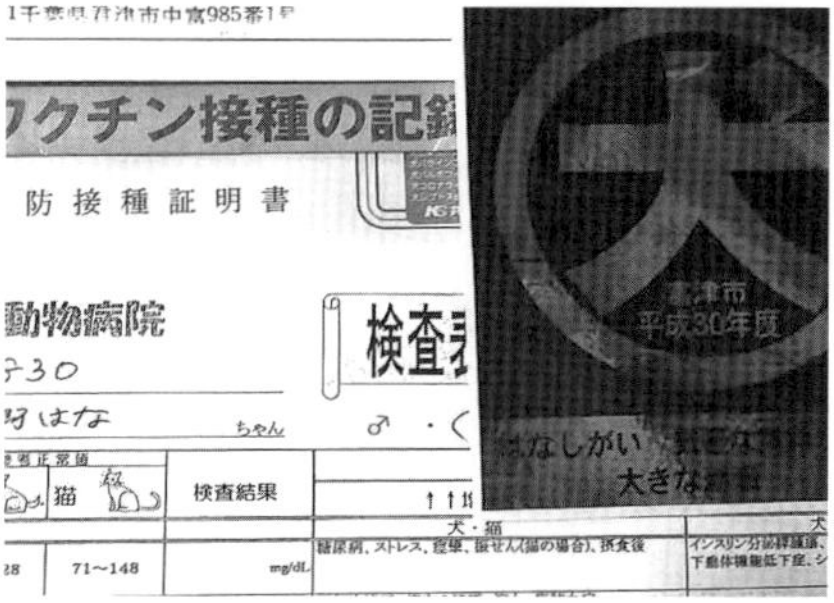

災害時は物流が滞りやすく、かかりつけの動物病院も開いているとは限りません。薬や療法食の不足や病気、ケガ、避難などに備え、薬やワクチン接種、既往症などのデータをまとめておきましょう。

《犬猫以外のペットの場合》

ポンプの循環が必要な魚類は、災害に備えて乾電池式のポンプを準備しておきましょう。ヒーターが必要な爬虫類などは、お湯を入れたペットボトル、カイロを新聞紙などで包むなどして対策してやります。

ワンポイント・アドバイス

迷子に備える

災害時には、何らかのアクシデントでペットとはぐれることも考えられます。

首輪にペットと飼い主の名前、連絡先などを書いた迷子札や自治体から交付された鑑札を付けておきましょう。

また、識別しやすい特徴や飼い主と一緒に撮影した写真を用意しておくと、捜索や飼い主を特定するときに役立ちます。

鑑札の番号を自治体に照らし合わせれば身元が判明するため、飼い主の元へ戻りやすい。

 防災メモ ペットの身元確認のためのマイクロチップの装着が、今後義務化される方向にあります。

災害時の「保険」を考える

あなたの自宅は「保険」に入ってますか？ 家にかける保険は一般に「火災保険」ですが、カバーしているのは火事だけではありません。落雷や風災、雪災、オプションで水災や地震などをカバーしています。私たちが体験した台風でも、家屋や車庫、フェンスなどの修理費用が保険でまかなえて、とても助かったという声をあちこちで聞きました。災害に備えて保険に入っておくことは、いまや必須といえます。

ただし、補償内容は契約している保険によってまちまちです。家財や車庫なども補償されるのか？ 床下浸水でも補償されるのか？ 免責金額の設定は？ お見舞い金や片付けなどの臨時費用は出るのか？ など保険屋さんにお任せにせず、一度自分の家の場合はどんな補償内容がベストなのかを見直しておくとよいでしょう。

賃貸の場合も、借りてる建物だからと意外と補償内容を把握していなかったりしませんか？基本的に、建物自体は貸し主が修理すべきものですが、借り主の不備で損傷が生じた場合の補償や家財についての保険は、借り主が加入しておく必要があります。

ちなみに、木造・約105平米の我が家で、建物と家財の火災（※水災補償なし）10年・地震5年間の保険料は28万円程度。地域や建物の構造によって金額は違ってきますので、あくまでも目安にしてください。

また、いくら保険に入っていても、自分から請求しなければ保険金は下りません。災害後、まずは保険屋さんと連絡をとり、損壊状態の写真（141ページ）、罹災証明書（143ページ）など、保険請求に何が必要なのか指示をあおぎましょう。

火災保険は台風や洪水などの自然災害にも対応してくれるので、絶対に加入しておくべきです。地震補償も付けておくのが安心でしょう。

第4章 災害後の2週間を生き延びる技術

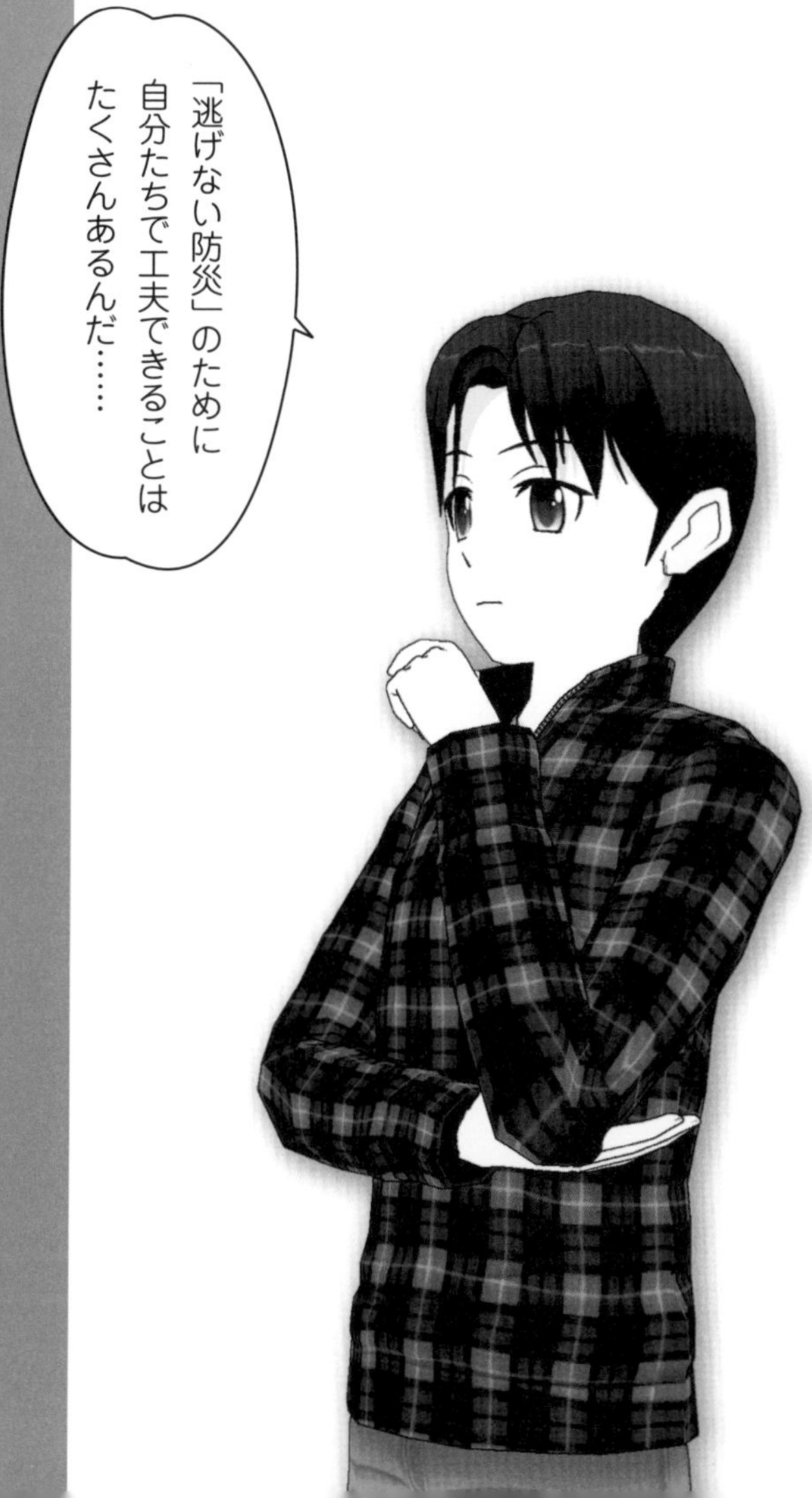
「逃げない防災」のために
自分たちで工夫できることは
たくさんあるんだ……

災害発生！まずは生き延びることを最優先に

二次災害がある場所では「逃げる」選択も大切

実際に災害が発生すると、どんな不測の事態が起こるかは誰にもわかりません。しかし、本書でここまで紹介してきたノウハウで「逃げなくてもいい家」が確立できていれば、どこかへ逃げるよりも家にいるほうが安全なケースが多くなります。とくに、台風などの予測できる災害では、出勤や通学、買い物などを控えて自宅避難の態勢をとりましょう。予測不能な地震の場合は、当然、自宅以外で被災する可能性もありますが、ひとまずは職場や出先で揺れが収まるのを待ち、早急の安全を確保します。

ただし、台風や大雨などによって洪水、土砂崩れの危険があるエリアでは、あらかじめハザードマップで調べておいた経路で早めに避難しましょう。たとえ「逃げなくてもいい家」に住んでいたとしても、万一を考慮して生き延びることを最優先にすべきです。これは、地震後の二次災害（津波、土砂崩れ、火災など）の危険があるエリアに住んでいる場合も同様です。避難先は、地域で指定されている避難所のほか、親戚・友人の家、ホテルなどに避難する手段もあります。

避難のタイミングは、台風の場合は風や雨が到来する前、暗くなる前が基本。すでに大雨が降っていたり、強風が吹いているときの避難は、とくに小さな子供や高齢者がいる場合は危険すぎます。しかし、地震後の津波の危険がある場合は、「一刻も早く逃げる」のが鉄則となります。1分1秒の遅れが命取りになるケースがあることを肝に銘じましょう。

非常持ち出し品は最小限で！

「逃げなくてもいい家」が実現されているなら、一時避難の荷物は必要最小限で大丈夫です。荷物が重いと行動が制限されますので、とりあえずは2日分の水と食料、モバイルバッテリー、ライト類などをリュックサックに入れて持ち出します。服装は、長袖・長ズボンを重ね着することでリュックサックの荷物を減らせます。靴は履き慣れたスニーカーなどで。ペットがいて避難所に連れて行くことが難しい場合は、親戚や友人に相談してみましょう。

いずれにしても、逃げると決めたらすみやかに行動することが防災の基本。何ごともなく災害の危険が去ったら、ゆっくり家に戻って、その後の避難生活の準備をします。

防災メモ　たとえば東京都では、自宅以外で被災した場合はできるだけ建物内にとどまることを条例化しています。

《台風通過時は「自宅避難」で！》

大型台風が来襲したとき、洪水や土砂崩れの心配のない立地の耐風対策をした建物で暮らしているなら、自宅避難するのが基本です。屋外の様子を見に行く人も少なくありませんが、猛烈な勢いでものが飛んできてケガをしたり、急な増水で川に転落する危険もあります。自宅内でも飛来物によって雨戸もろとも窓を突き破られた実例があるので、できるだけ窓ぎわから離れましょう。台風による洪水や土砂崩れ、高潮などの危険がある場所では、二次災害を避けるためにもすみやかに避難します。

《地震発生時は「とにかく身を守る」》

自宅でも職場でも学校でも、地震の対応は同じです。まず、倒れる危険のあるタンスや冷蔵庫、ロッカーなどから離れ、テーブルや机などの下に隠れます。適当な場所がなければ、クッションやカバン、厚めの雑誌などで頭を保護しましょう。揺れが収まっても、すぐに余震が来る可能性があるので、津波の危険がある場所以外では建物内にいるほうが安全です。

津波や土砂崩れなどの危険があるエリアでは、すみやかに避難します。ただし、自動車での避難は渋滞を引き起こして救急活動の妨げになるので、徒歩での避難が基本です。それに備えて、普段から避難ルートや帰宅ルートを確認しておきましょう。

《持ち出しは「最小限」で》

非常用持ち出し品は、あれこれと詰め込むと重くて運べません。一時的な避難と想定して、大人でも10～15kgの重量を限度に内容を厳選します。水と食料は、2日分あればいいでしょう。食料は、水やお湯だけで簡単に料理できるもののほか、料理せずに食べられる缶詰やようかんなどの非常食も持参します。ストレス緩和のために、甘いおやつもあるといいでしょう。また、避難所では衛生用品が足りなくなるケースが多いので、これも忘れずに持参します。

- □ 飲料水（2日分）
- □ 食料（2日分）
- □ 非常食（缶詰など）
- □ お菓子（適宜）
- □ 救急キット
- □ 紙皿、紙コップ、割りばし
- □ ウェットティッシュ
- □ トイレットペーパー
- □ 非常用トイレ
- □ 衛生用品
- □ レジャーシート
- □ クッション類
- □ ポリ袋
- □ タオル
- □ 洗面用具
- □ 下着の着替え
- □ モバイル電池
- □ ライト類
- □ 軍手
- □ 現金

防災メモ　避難時は不測の事故を防ぐため、自宅の電気のブレーカーを切り、ガスの元栓を閉めましょう。

初期行動で頼りになる被災時の「情報収集」

頼りになるのは、ラジオとスマートフォンからの情報

　災害の種類や規模にもよりますが、自宅避難を決めたときは長期にわたる停電や断水を考慮した初期行動が大切になります。まずは自分たちが置かれた現状を把握するために、できる限りの「的確な情報」を集めることが大切です。実際に発生した地震や台風などの動向はもちろん、河川の氾濫《はんらん》や土砂崩れ、高潮、津波などの二次災害に関する情報も重要です。自宅以外で被災したときは交通情報も知りたいところです。

　停電時にはラジオが役立ちますが、スマートフォンを持っていればインターネットやツイッターなどの情報を探すのも早いです。ただ、ツイッターなどはデマ情報もあるので、左ページの官公庁や自治体などのウェブサイトやアプリをあらかじめスマートフォンに登録しておくといいでしょう。また、家族が離ればなれになったときを想定して、あらかじめ連絡方法を決めておくことも大切です。被災地の電話回線はすぐにパンクするので、被災地から離れている親戚や知人を中継して連絡を取り合うのも方法です。インターネットに不慣れな人は、「災害用伝言ダイヤル（171）」も便利です。

　なお、停電になると家庭の固定電話は使えなくなりますが、公衆電話は大丈夫です。これは公衆電話につながる電話線に微弱電流が流れているためで、災害時には公衆電話が無料使用できるようになります。いざというときのために、公衆電話がある場所を家族や友人同士で共有しておきましょう。

自宅のインターネット環境を復帰させる方法

　災害が発生するとインターネットも途切れがちになりますが、私たちが暮らすエリアに関しては電気よりも先にインターネット環境が復旧しました。電話会社が、移動基地局車を派遣してくれたのです。また、光回線も使える状態になったので、ルーターとモデムのコンセントを発電機につなげたところ、パソコンやスマートフォンのＷｉ－Ｆｉ通信が使えるようになりました。これには、電気が復旧したときと同じぐらい感動しました。また、モバイルルーターがあれば、小型のモバイルバッテリーでも使用することができます。

　なお、マンションなどの集合住宅の場合は、共有で回線を使用するための設備に電源が供給される必要があるので、管理会社や大家さんに相談してみましょう。

防災メモ　「171」は定期的に体験利用できるので、いざというときに迷わないように練習しておくといいでしょう。

《停電時にネットを使う方法》

停電になっても光ケーブルなどの回線が生きていれば、自宅のルーターとモデムに非常用電源から電気を送ることでインターネットが使えます。また、災害時には無料Wi-Fiの「00000JAPAN（ファイブゼロジャパン）」が開放されるので、あらかじめWi-Fiスポットの場所を確認しておくといいでしょう。

「00000JAPAN」は通信が暗号化されていないので、緊急時以外には「モバイルルーター」が使えると安心です。

《伝言ダイヤルを利用する》

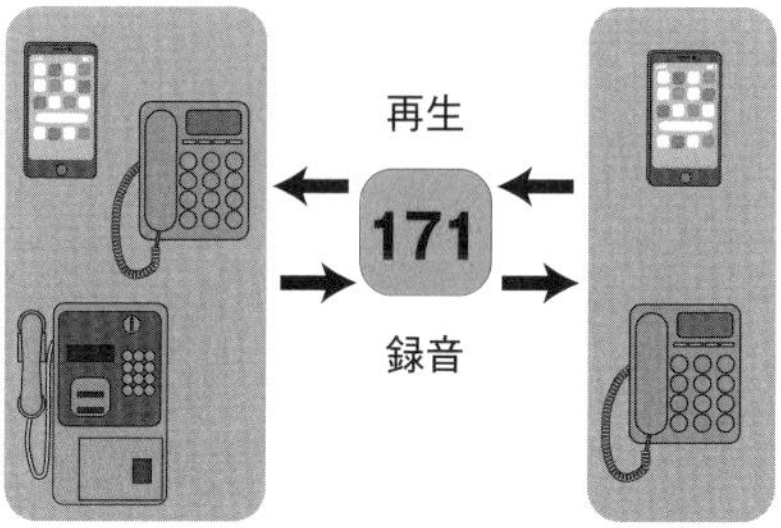

災害時には伝言ダイヤル「171」が固定電話や公衆電話、携帯電話から無料で利用できるようになります。使い方は 171 にダイヤルして連絡したい相手の電話番号をダイヤル、ガイダンスにしたがって録音・再生するだけです。録音時間は 30 秒以内で、20 個までの伝言が登録可能です。

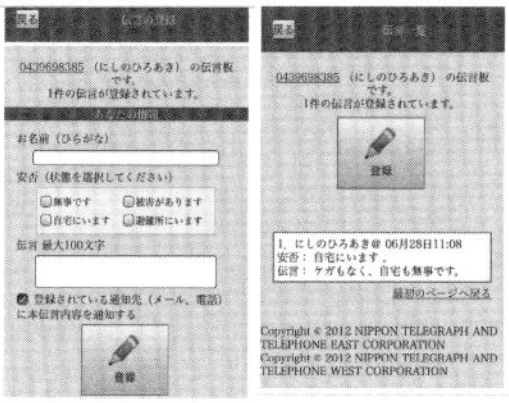

「171」はウェブ版もあって、100 文字以内の伝言を共有できます。スマートフォンを使い慣れた人にはお勧めです。

《災害時に頼りになる情報源》

NHKあなたの天気・防災	気象庁防災情報	国土交通省川の防災情報	国土交通省道路防災情報
ツイッター気象庁防災情報	ツイッター内閣府防災	アプリNHKニュース	アプリYahoo!防災速報

各種の災害情報に関しては、気象庁の発信が正確で早いです。各省庁の総まとめ的な「内閣府」の発信や道路情報もフォローしておくといいでしょう。地元自治体の発信も、リアルな災害情報として便利です。

 防災メモ Wi-Fiスポットは、駅や空港、公共施設、コンビニエンスストア、カフェ、飲食店などで提供されています。

非常用電源で自宅内の「ライフライン」を稼働させる

消費電力の多い家電の同時使用やタコ足配線はＮＧ

何らかの非常用電源を用意しているという前提になりますが、続いて生活に必要な電化製品を稼働させます。我が家を例にすると以下のものを適宜、非常用電源につなぎました。

1、照明機器
2、冷蔵庫、冷凍庫
3、無線ＬＡＮルーター、モデム
4、トイレ
5、給湯器
6、洗濯機
7、仕事用のパソコン
8、１００Ｖエアコン

たった1台の発電機やポータブル電源で、これだけの電化製品を動かせるのですから、やっぱり避難生活をストレスなく送るためにも、非常用電源は絶対に用意しておくべきだと思います。

臨時用の照明はあらかじめ位置を決めておく

さて、各機器への電源を供給する方法ですが、まず意外と困ったのが「照明」でした。ほかの電気機器ならコードのプラグを電源のコンセントに差し込むだけですが、照明の場合はコードがないので直接電源につなげることができません。

そこで便利だったのが、コード付きの照明機器です。我が家ではＤＩＹ用の作業灯を使いましたが、コード式のペンダントライトやスタンドライト、ＵＳＢ接続のLEDライトを利用した友人も多かったです。たしかに、ＵＳＢタイプならモバイルバッテリーでも使えて便利です。

ガスが無事なら、給湯器も非常用電源につなげて使えます。

また、寒い時期ならガスヒーターも便利でしょう。逆に、こたつやオイルヒーターなどはかなりの電気を消費するので、非常用電源を節約するなら使用は控えめにすべきです。これは、電子レンジやホットプレート、炊飯器なども同様です。

また、68ページでも解説したように、冷蔵庫やエアコンなどを無理なタコ足配線などで同時使用すると故障の原因になるので十分に注意しましょう。

電気製品を使うときのポイント

【無理なタコ足配線はしない】

複数の家電を同時に使うために無闇なタコ足配線をすると、家電や非常用電源の故障につながります。とくに、冷蔵庫やエアコンの同時使用は止めておきましょう。また、コードリールを使う場合、コードを巻いたまま使うと熱を発して溶けることがあるので、必ずすべてのコードを引き出して使用します。

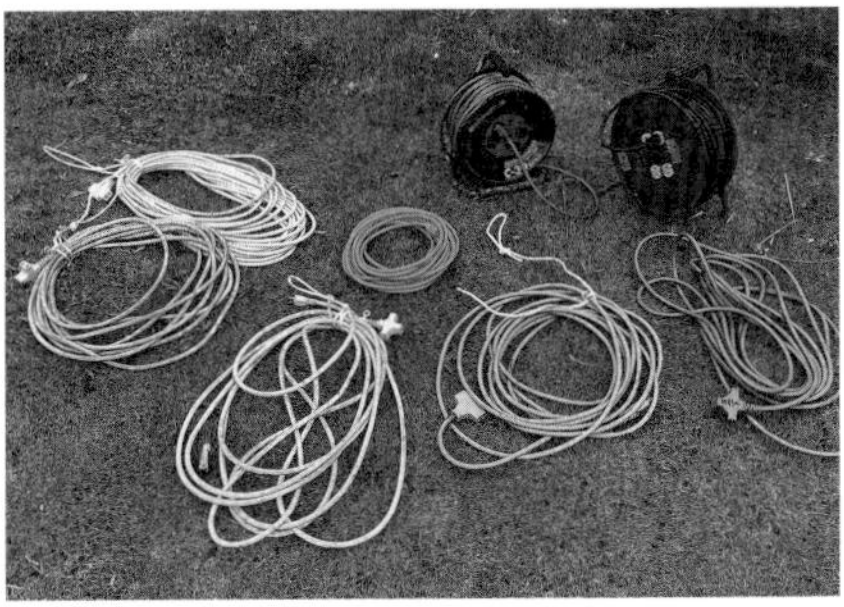

【延長コードは必需品】

電源と家電を接続するには延長コードが必要なので、長さ10 mのものを数本用意しておきましょう。ポータブル電源は室内に置けますが、発電機は屋外に置くことになるので延長コードは窓から引き入れます。窓と枠にすき間ができてしまいますが、短期間だけなので防水テープで目張りするといいでしょう。

【照明機器や家電の利用法】

電源の準備ができたら、後は家電の電気プラグを延長コードのコンセントに差し込めばOKです。照明機器の場合は延長コードを直結できないので、ペンダントタイプやクリップ式のコンセントコードの付いたものを用意しておきましょう。我が家ではDIYで使っている作業灯が役立ちました。ライトを取り付ける位置はできるだけ高いほうが明るく、違和感がありません。被災時に備えて、あらかじめ天井や梁などにライトを吊すためのフックを取り付けておくといいでしょう。

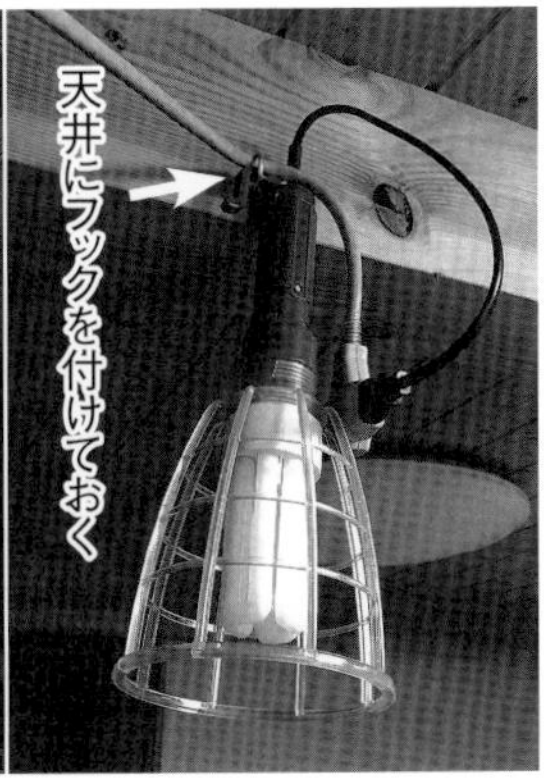

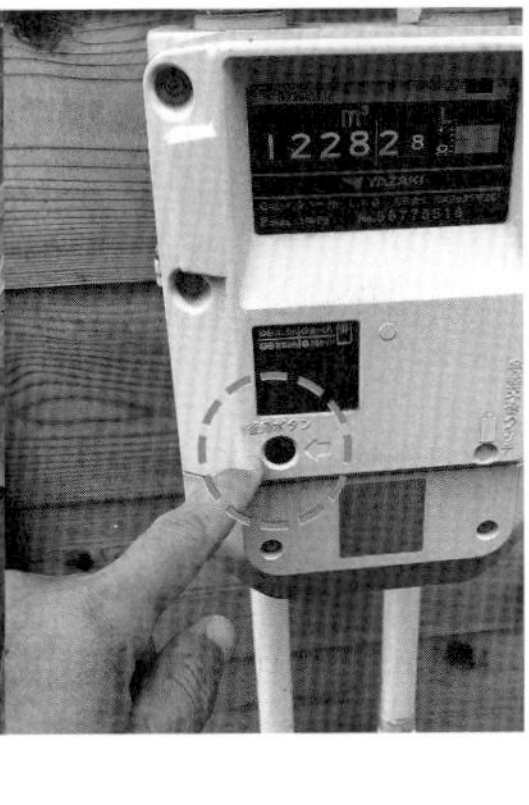

【給湯器の稼働方法】

都市ガスが通じている場合やプロパンガスを使っているエリアなら、ガス漏れやガス臭さがないことを確認してから、給湯器の電気プラグを非常用電源に接続すれば使用可能になります。なお、大きな地震が発生するとガスメーターが自動的に遮断します。ガス漏れしていたり、ガス臭いときには早急に販売店に連絡してください。復帰する場合は、すべてのガス機器の栓を閉めてからガスメーターの復帰ボタンを押せばOKです。

防災メモ　延長コードは傷があるものや細すぎるものを使うと、熱を持ったり火災の危険があるので要注意です。

「暑さ・寒さ対策」が自宅避難の最大のポイント

ライフラインがないときの熱中症、寒さ対策を考える

ライフラインが途絶すると知らず知らずのうちに心身が消耗してきますが、その大きな要因のひとつが「暑さや寒さ」によるストレスです。私たちが体験した台風では、直後の3日間の気温は38℃を超えて夜も30℃、湿度90％超の熱帯夜でした。普段、我が家ではあまりエアコンは使いませんが、このときばかりは100Vのエアコンが大活躍でした。

とはいえ、非常用電源では電力を節約して使わないといけません。そこで、ヒントになったのが近隣に暮らす高齢者の方々の知恵でした。皆さん、昔ながらの「よしず張り」、池の水を利用した「打ち水」などをやっているだけで、エアコンも冷蔵庫も使えない家の中でも元気そうに暮らしていたのです。また、私も試して意外と快適だったのが「ござ」。布団の上に敷いて寝転がってみると、冷感シートよりもひんやり感があってなかなか快適でした。

そして、我が家には長期停電しても氷が残る低温冷凍庫があったので、タオルで包んだペットボトル氷で身体を冷ましました。知人の医師によると「首や脇の下、足の付け根などの動脈が通る場所を冷やすのが効果的」とのこと（これは、寒い時期にカイロで身体を温めるときも同様です）。氷や保冷剤がない場合は、濡らしたタオルでも同じ効果があります。

熱中症対策としては、水分・塩分をまめに補給し、十分な休息をとることも大切です。水で少し薄めたスポーツドリンクのほか、梅干しや梅昆布茶、味噌汁などもミネラル分があってお勧めです。最近の夏の暑さは、とくに小さいお子さんや高齢者にとって過酷なので十分な対応をしてあげましょう。

また、暑さ対策したいのは「ペット」も同じ。とくに犬は体温が上がりやすいので、つねに日陰にいられる環境を作ってやったり、室内飼いの場合はときどきエアコンをつけて快適な室温にしてやりたいものです。

そして、暑い時期には「衛生管理」も工夫したいところ。汗をかいたら冷たいシャワーも気持ちいいですが、それが毎日となるとだんだん苦行になってきます。ガスや電気でお風呂を沸かせない場合は、カセットコンロやロケットストーブ（86ページ）でお湯を沸かしてお風呂に持ち込み、それで身体を拭くだけでも気持ちよくサッパリできます。大判のウェットタオルを利用するのもいいでしょう。

防災メモ　めまいや立ちくらみなどの症状が出たら、熱中症がひどくなる前に病院で診てもらいましょう。

暑さ・寒さ対策は、やっぱり事前の準備が大切

では、寒い時期はどうすればいいでしょう？　電気がいらない薪ストーブや石油ストーブがあればいいですが、家が無事なら冬着があるはずなので、それらを重ね着します。もちろん、ヒザ掛けや毛布も活用できます。もしも避難所で過ごす場合は、新聞紙や雨具で身体をくるむのも方法です。体温を逃がさないので、これが意外と温かいのです。

また、使い捨てカイロを前述のように身体の動脈が通る箇所に当てるのも効果的。最近では、USBで充電できるモバイル式のカイロも登場しています。非常用電源を持っているなら、電気毛布も快適です。

何らかの手段でお湯を確保できるなら、昔ながらの「湯たんぽ」を使うのもいいですね。そして、段ボール箱の内側にゴミ袋を被せた中にお湯を入れて「足湯」にすると、お風呂に入ったのと同じぐらいの効果があります。

ほかにも、災害時の暑さ・寒さ対策はいろいろあると思いますが、第1章で解説したように自宅そのものを断熱・調湿化しておけば、いざ災害となってもそんなに慌てる必要はありません。そして繰り返しになりますが、やっぱり非常用電源は絶対に用意しておくのがいいと思います。

《避難生活の暑さ・寒さ対策》

【「足湯」でリラックス！】
お風呂が沸かせないときの救世主が「足湯」。段ボール箱にゴミ袋を被せたもの、あるいは大きめのバケツにお湯を入れて、じっくりと足を浸けてみましょう。足湯は全身の血行をよくしてくれ、災害で疲れた心身には最高のリラクゼーションとなります。

【ウェットタオルの工夫】
ウェットタオルはそのままでも使えますが、黒色のポリ袋に入れて日光の当たる場所に置いておくと、あっという間に蒸しタオル状態になります。

【ペットも暑さ対策】
ペットも熱中症になるケースがあるので、エアコンや冷却シートなどでできるだけ涼しい環境を作り、すぐに水が飲めるようにしてやりましょう。

防災メモ　寒いときには、USB電源で使える「フットウォーマー」も快適です。

停電が3日続いたら「断水」に備えよう！

ポリタンクよりも「給水袋」のDIYがお勧め！

私たちが体験した大型台風では、電気だけでなく水道も使えなくなりました。災害時には水の有無が命を左右することもあるので、飲料水の備蓄はもちろん、生活用水を安全に確保する方法も確認しておきましょう。

通常、上水道はポンプの稼働力で水を給水していますが、停電時に水道局の非常用電源が使えるのは数日間だけなので、それを予想して**風呂の浴槽を満水**にしておきました。段ボール箱の内側に大きなゴミ袋を重ねて容器にするのも方法です。もちろん、地域によって状況は違うでしょうし、マンションのような集合住宅では独自の給水システムがあるはずなので、あらかじめ確認しておくといいと思います。

いずれにしても飲料水の備蓄は必須ですが、キッチンやトイレなどに使う生活用水のほうが圧倒的に多く必要です。洗い物に関しては133ページのような工夫で水を節約できますが、それでも浴槽の水は3日で空っぽになりました。こうなると、何らかの手段で水を入手しなければなりません。

一般的なのは、行政が手配する「給水車」からもらう方法でしょう。災害の規模にもよりますが、通常だと被災から1週間ほどで給水車が管轄の各地区をまわるようです。また、避難所の救援物資として、いち早く集まるのが「ペットボトル水」。給水車から水をもらうためには、自分で容器を用意しなければいけませんが、ペットボトルなら手軽に分けてもらえるのでお年寄りも重宝していました。地域によっては、「消火栓」や「災害用井戸」を利用できる場合もあるので、これも事前に場所を確認しておきたいところです。

給水所で水をもらうときはホームセンターで買えるポリタンクを利用する人が多いですが、被災時には売り切れになることが多く、実際、私の体験でも同様でした。また、ポリタンクに水を満タンにすると重さが10～20kgほどになって、キャリーカートか自動車がなければ運ぶのは容易ではありません。さらに、災害で道路がガレキで埋まってしまった場合は、キャリーカートも自動車も邪魔になるだけです。

そこでお勧めなのが、**「背負える給水袋」**です。市販品もありますが、リュックサックの内側にゴミ袋を2枚重ねて入れるだけで自作できます。手で持つのと違って、これなら女性でも10ℓ、男性なら20ℓ以上の水を運べるでしょう。

防災メモ　浴槽の水は雑菌が繁殖する恐れがあるので、飲料水には向きません。

《飲料水、生活用水を確保する》

飲料水の備蓄をしている前提でも、長期の断水では生活用水が圧倒的に不足してきます。そんな状況で頼りになるのが、自治体で手配する給水車です。水を入れるための容器はポリタンクよりも、背負えるタイプの給水袋がお勧めです。下のように簡単に作れますので、いざというときのためにリュックサックと大きめのポリ袋は常備しておきましょう!

リュックサックは20～30ℓ、ポリ袋は45～50ℓのサイズが、給水用には使いやすいです。

ポリ袋を2枚重ねてリュックサックの中にセットし水を入れます。水が多すぎると運べないので、ほどほどにしましょう。

水を入れたら2枚のポリ袋両方の口の部分をしっかり結んで、水が漏れないようにします。

リュックサックのフタをしっかり閉じてから、リュックサックを堅い物にぶつけないように運びます。

ワンポイント・アドバイス

「マンション」での防災の心得

鉄筋コンクリートや鉄骨造のマンションは耐震性や耐風性に優れる建物ですが、たとえば直近の熊本地震では80%のマンションが大破・中破を含めて何らかの被害に遭っています。また、長期の停電になるとエレベーターが停止したり、配管の破断で水道やトイレが使えなくなったりとマンション特有の問題も抱えています。

共同住宅であるマンションでは、個人的な自助の努力だけでは解決できない側面がありますので、居住者同士がお互いに協力し合う「共助」の考え方がより重要になってきます。そのためにも、日頃からの近所づきあいを大切にするとともに、管理体制も含めてマンション全体の防災対策を再確認しておきましょう。

戸建てにはない問題を抱えているマンションでは、住民の相互理解を深めることが大切になります。

防災メモ 東京都で震災が発生した場合、上下水道の復旧は30日と想定しているそうです。

断水復旧時には「圧縮空気」と「赤水」に注意！

長期の断水が復旧したときのうれしさは、体験した人しかわからないかもしれません。しかし、復旧後にいきなり水を使うのはＮＧです。断水復旧の直後は水道管内に空気が溜まっていることがあり、復旧後に流れる水の圧力によって**圧縮された空気がトイレなどに衝撃を与えて破損してしまう恐れがある**のです。このため、断水が復旧したらトイレと同じ給水ルートにある洗面台やお風呂などの蛇口を少しずつ開け、水道管内の空気を徐々に逃がしてあげることが大切です。

また、**「赤水」にも注意**したいところ。これは我が家でも体験したのですが、断水が続くと水道管内にサビが発生し、復旧後にそのサビが水に混じって赤茶色になる現象です。トイレ用の水としては使えるかもしれませんが、飲み水としては不適です。そして知っておきたいのは、この細かいサビの粒子が原因でトイレや給湯器、洗濯機などのストレーナー（ろ過装置）に目詰まりを起こすこと。温水洗浄便座やキッチンに備え付けの浄水器を使っている場合も同様なので、赤水になったときはストレーナーのない蛇口を流し放しにした状態で水が透明になるまで待ちましょう。

そしてもうひとつ、これもトイレの注意ですが、断水が解決しても下水道が破損したままの状態でトイレの水を流してしまうと汚水が漏れてしまいます。マンションの場合も、上層の階で水を流したら、下の階のトイレから汚水が漏れ出したという例もあるので要注意です。

《断水が復活したときの注意点》

配管が古いとサビ由来の「赤水」が出るので、トイレや給湯器などの使用をやめ、影響のない蛇口から水を流して待ちます。排水管が破損している恐れがあるときは、使用を控えて業者に相談しましょう。

断水が復旧したら、使用する前に給水管内にとどまっている空気を逃がしましょう。最初は蛇口から水とともに断続的に空気が出てきますが、長くても５分ほどで落ち着いてくるはずです。

防災メモ　万一、ストレーナーが詰まってしまった場合は、早めに業者に見てもらいましょう。

一時避難を「車中泊」で乗り切る方法

自動車内で、ぐっすり安眠するための工夫

台風で屋根が飛んだ知り合いは、しばらくのあいだ「車中泊」で一時避難していたそうです。また、直近の大震災となった熊本地震でも、約４割の方々が余震に備えて車中泊を経験したとのことです。自動車が無事なら仮眠が可能ですし、ラジオで状況を聞いたり、燃料が続く限りはスマートフォンなどの充電、冷暖房も利用できます。ペットがいる場合は、避難所よりも安心できる側面もあるでしょう。被災時には自動車に避難することを想定して、１０９ページのようにあらかじめ飲食料や生活備品を自動車に備蓄しておけば、頼れる一時避難所となってくれるのです。

注意したいのは、車中泊のトラブルとしてよく聞かれる「エコノミークラス症候群」。これは、狭い場所で足を伸ばせないことで血流が滞って足の静脈に血の塊（血栓）ができ、肺に流れて肺の動脈をふさぐ危険な症状です。これを防ぐには、車内の寝床をできるだけ平らにすることが大切になります。また、定期的に身体を動かす、適度に水分を摂る、ゆったりした服装を着用するなども効果があります。

ときどき身体を動かす
ことも車中泊では大切だ

《車中泊を快適にするポイント》

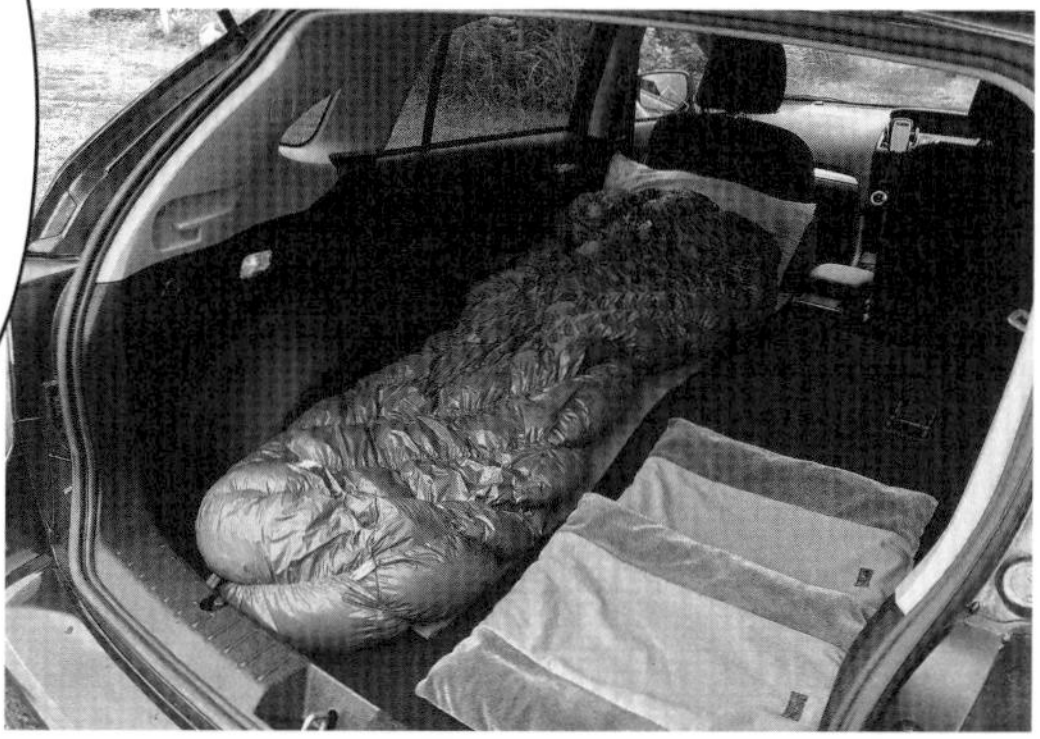

車中泊で安眠するための鉄則は、できる限り「寝床をフラットにすること」。シートを倒した状態で段差がある場合は、折り畳んだ毛布やマットなどを利用してデコボコを解消します。車中泊用のエアマットを利用するのもいいでしょう。なお、暑い時期の避難では、日中、車中の温度が急上昇します。場合によっては命の危険もあるので、とくに子供や高齢者、ペットがいる場合は、定期的にエアコンをつけるなどして十分に注意しましょう。

避難生活でもおいしく食べたい「防災クッキング」

非常時だからこそ、満足度の高い食事が大切！

どんなに万端な備えをしていても、いざ避難生活となるとジワジワと心身が疲れていきます。我が家の場合も停電と断水が続いて、料理ひとつするのも大変でした。しかし、そんなストレスフルな暮らしでもギリギリ持ちこらえられたのは、日常とほとんど変わらない「食事」のおかげでもあったのです。暑いときには冷たいもの、寒いときには温かいもの。普段だったら当たり前ですが、災害時には本当に心身が癒やされました。被災時だから簡単なものでいいや、ではなく**被災時だからこそおいしい料理が大切**なのです。

とはいえ、停電や断水時にはできるだけ燃料や水を節約し、手早く料理したいもの。ここでは、そんな限られた条件でも満足できる食事をするためのクッキング術をご紹介します。

断水・停電のなかで……

自宅避難すると決めたら、備蓄してあった食料や冷蔵庫内の生ものなどを再確認し、傷みやすいものから計画的に消費していきます。非常用電源などを利用して、冷蔵庫を稼働させていたとしても、電源の一時的な中断などで普段より庫内の温度が不安定になっていますので過信しないでください。

電子レンジや炊飯器などの消費電力自体が大きい家電は、基本的に使いません。停電していると換気扇も使えないので、長い時間火を使ったり、煙や油、臭いなどが出やすい調理方法も避けたほうがいいでしょう。また、照明も不十分で薄暗いなかで料理をするのは、手元が見えにくいなどかなりストレスを感じます。夜の食事用だとしても、明るいうちにできることは済ませて、夜に暗いなかで調理作業をするのは最低限にしましょう。

普段から、備蓄品の点検をしながら、非常食作りの予行練習をしておくといいわね！

防災メモ　換気扇が使えないときは、カセットコンロを外に持ち出して料理するのも方法です。

《防災クッキング……❶お鍋でご飯をおいしく炊く方法》

炊飯器を使わないでご飯を炊くのは、意外と簡単です。鍋でもフライパンでも土鍋でも、おいしく炊くことができます。圧力鍋があれば、沸騰後たった３分程度の加熱で済み、時短と燃料の節約になります。

ポリ袋に入れた野菜など

1 米をといで米と同量の水を足して、30分ほど浸します。

＊ご飯を炊くときに、一緒におかずも作れます。耐熱のポリ袋に入れた卵、じゃがいも、かぼちゃ（1㎝厚くらいにスライスする）、タマネギ（くし切り）などを一緒に入れて炊きます。そのまま塩やバターでいただいたり、マヨネーズで和えてサラダにすれば、手間もかからずおいしい一品に！

2 フタをして火にかけ、沸騰するまでは強火にします。

3 沸騰してきたら弱火にして10分ほど加熱し、火を止めます。

4 10分ほど蒸らして、しゃもじでさっくり混ぜれば完成。

《防災クッキング……❷ご飯温め直しの知恵》

電気があればご飯やおかずは電子レンジで手軽に温め直しができますが、停電時には鍋やフライパンを利用してみましょう。また、パックご飯やレトルト食品なども同じ方法で温められて、水も燃料も節約できます。

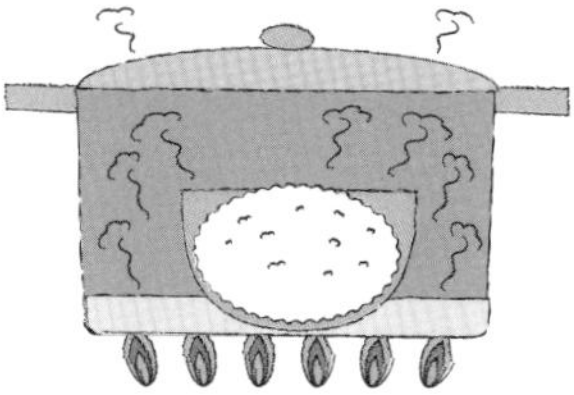

1 鍋かフライパンに浅く湯を張り、その上にお椀などに入れたご飯を置いて火にかけます。冷たいご飯やパックご飯１杯なら５分ほどでOK。

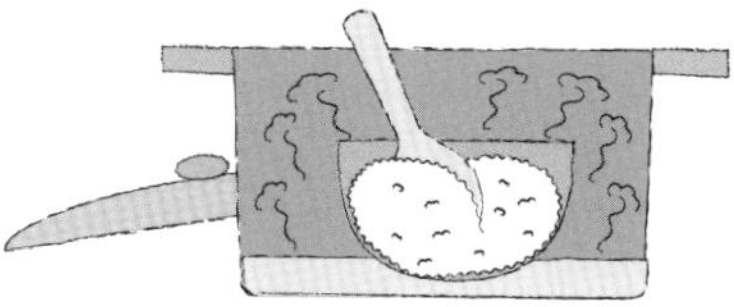

2 蒸しムラができるので、途中全体を軽く混ぜるといいでしょう。取り出すときは熱いので気をつけて。

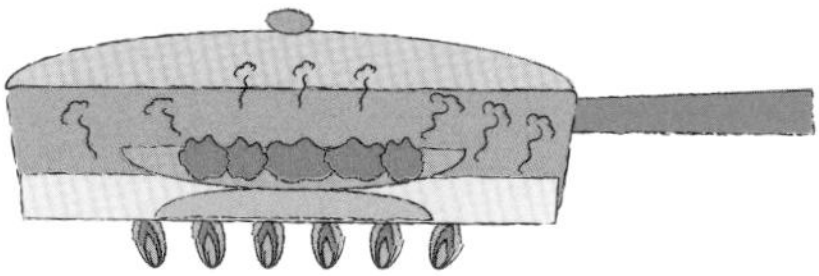

3 おかずの温め直しもできます。平たい皿を使う場合は、台として別の皿を置いた上にのせます。

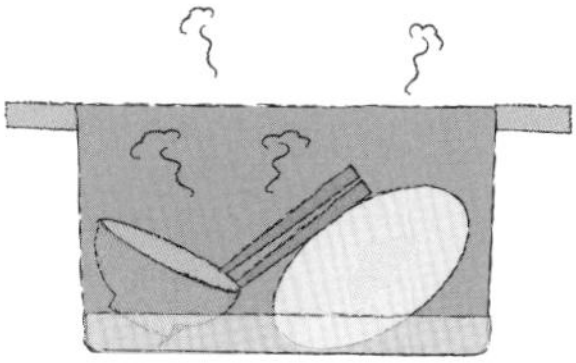

残ったお湯は、洗い物などに再利用します。

防災メモ ❶のポリ袋料理では、塩・コショウとお酒をふった肉や魚を袋に入れて炊いても一品になります。

《防災クッキング……❸ひと鍋で「簡単麺料理」》

パスタなどの麺料理は、麺を茹でる鍋と汁（またはソースなど）用の鍋と通常は２つ必要ですが、災害時には水も洗い物も最小限にするため、ひと鍋で済む料理法がお勧めです。

そうめんは茹で時間が短く、ひと鍋調理に最適。ただし、ゆで汁は塩分が強いので、味を見ながら調味料（めんつゆなど）を加えましょう。野菜や卵などを加えれば、身体も温まり、栄養バランスも抜群。

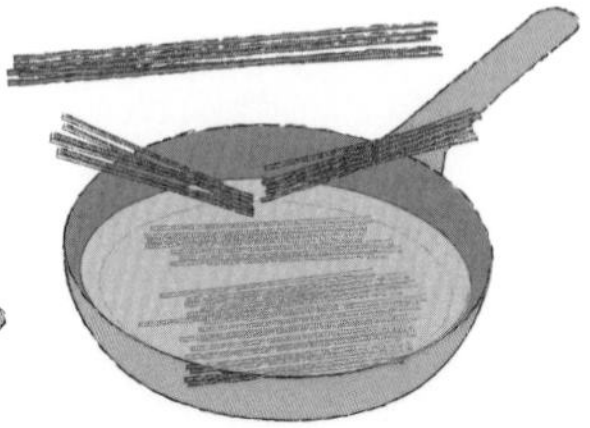

1 パスタは半分の長さに折ってフライパンに入れ、ひたひたの水に１～２時間漬けておきます。

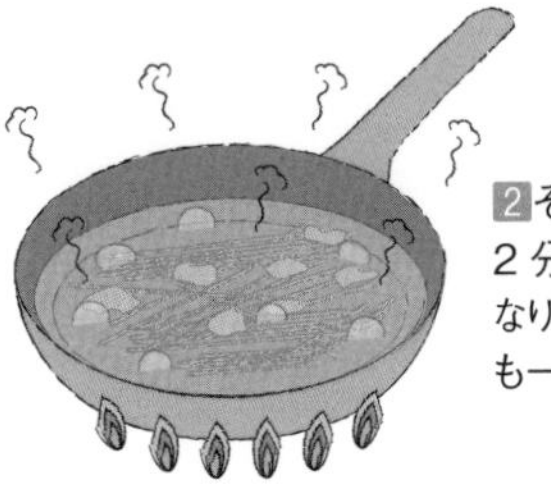

2 そのまま火にかけ、沸騰したら１～２分茹でるだけでアルデンテ状態になります。野菜（キャベツ、葉ものなど）も一緒に茹でてしまいます。

3 お湯を捨て（このお湯も、後で洗い物に使います）、好みの味付けを。市販のパスタソース、ツナ缶、アサリ缶などのほか、お茶漬けの素やふりかけ、粉末スープなども利用できます。

《防災クッキング……❹いつもの味を「冷凍保存」しておく》

非常食や缶詰、不慣れな味付けの食事が続くと、心も身体もだんだん疲れてきます。そんなときにホッとできるのは食べ慣れた「いつもの味」。下の例はすべて冷凍でき、自然解凍で食べられるものもあります。

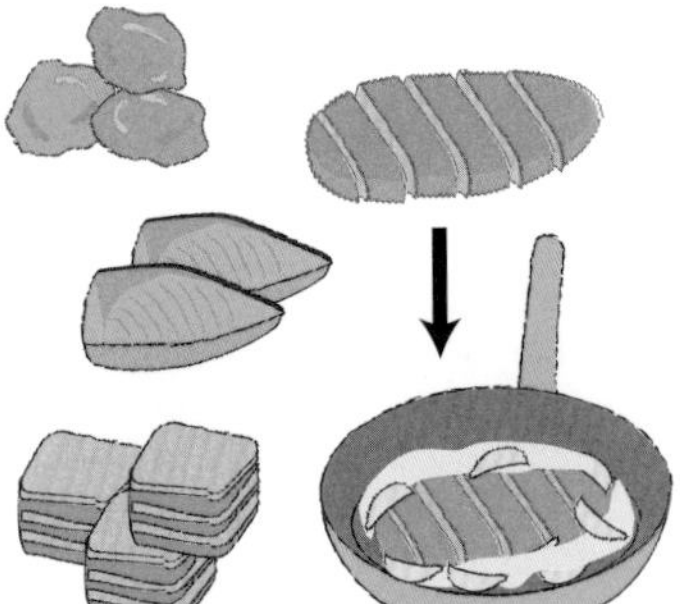

【お総菜】切り干し大根の煮物、ひじきの煮物、きんぴらごぼう、金時豆の甘煮、かぼちゃの煮物、茹で枝豆など。いずれも自然解凍できます。

【肉・魚】鶏の唐揚げ、カツ、豚の角煮、ハンバーグ、肉団子、鶏そぼろ、鶏の照り焼き、ぶりの照り焼きなど。いずれも自然解凍できます。

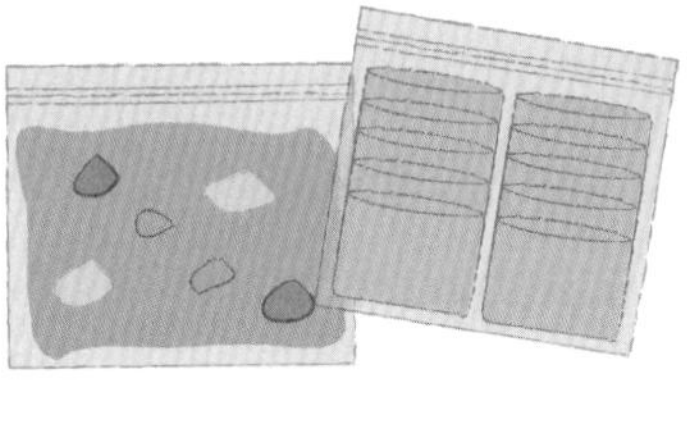

【その他】ミートソース、カレー、牛丼の具、甘辛く煮た油揚げ（いなり寿司や麺類の具に）など。カレーなどは、袋ごと湯せんして温め直します。溶けるまでは冷蔵庫の保冷剤代わりにもなります。

防災メモ　長期の冷凍はどうしても品質が劣化しますので、ときおり在庫を見直して定期的に入れ替えましょう。

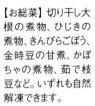

《防災クッキング……❺「保温料理」で燃料節約》

被災時の料理は、燃料の備蓄が限られていたり、換気扇が使えなかったり、余震が気になって火を使うのが怖いこともあります。そんなときこそ、一定時間食材を温めるだけの「保温料理」が役立ちます。

常備野菜（タマネギ、じゃがいも、にんじん、キャベツなど）を刻んで火を通しておけば、豚汁やカレー、スープ、肉じゃがなどにアレンジできます。被災時は野菜が不足しがちなので、具だくさんのおかずは、野菜の補給にも最適です。

1 たとえば、カレーなら鍋に野菜と肉を入れ、3～4分煮て（材料は少し硬くてもOK）、火を止めてルーを溶かすだけで下ごしらえの完了です。

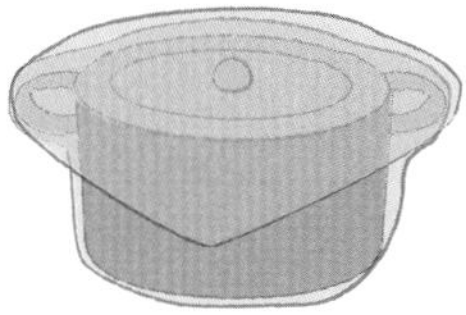

2 古新聞や毛布、バスタオルなどで鍋をくるんで1時間ほど置けば、材料は軟らかくなっています。

専用の保温鍋や鍋に被せるための「鍋帽子」も市販されています。

ワンポイント・アドバイス

「食中毒」には要注意！

台風・水害などは、夏から秋の気温の高い時期に起こることが多いです。また、浸水や家屋の破損により、細菌やカビなどが繁殖しやすくなるなど衛生環境が悪くなりがちです。そして被災者は、ストレスや疲労で抵抗力や免疫力が低下し、体調を崩しやすくなります。

こういった悪条件が重なるため、食中毒にはいつも以上に注意を払いましょう。食べ残しや作ってから時間が経ってしまったもの、常温に置きっぱなしになっていたものは処分する潔さも必要です。

また、非常用電源で冷蔵庫を稼働させていたとしても、電源の中断などで庫内の状態は普段より不安定になっています。冷蔵庫を過信しないようにしましょう。

給水車などから手持ちの容器に給水を受ける際には、飲用可能な水かどうか確認し、涼しいところに保管します。そしてなるべく早め（3日以内）に使い切ること。飲用や料理用には、なるべくペットボトルの水を使いましょう。ペットボトルにじかに口を付けて飲むと雑菌が繁殖しやすくなるので、フタの開け閉めはきれいな手で行い、コップなどに移して飲むようにすることも大切です。

災害時は虫も発生しやすくなります。食べ物は涼しいところで保管し、早めに食べましょう。

防災メモ　保温料理は被災時にとても便利ですが、日持ちを考えて作り置きの量はほどほどにしましょう。

《防災クッキング……❻「缶詰」のアレンジ》

サンマの蒲焼き、焼き鳥缶、サバの味噌煮など、味付けされた缶詰は非常食としてとても便利です。長期被災で栄養バランスが気になるときは、野菜や乾物、卵などを加えてアレンジしてみましょう。

刻みノリやゴマなどを足しても美味。

蒲焼き缶の下にスライスしたタマネギや大根など手持ちの生野菜を敷いた丼物にするだけでも、バランスよく、さっぱりといただけます。

焼き鳥缶にタマネギや卵を足して親子丼にしてもいいし、焼いた長ネギを添えても美味です。

魚の缶詰と乾物、日持ちのする野菜を刻んで炊き込みご飯にすれば、一品で満腹のメニューに！

コーン、ひじき、大豆の水煮、ツナ、アサリ、コンビーフなど、素材缶詰もそろえておくと、料理の幅が広がり、飽きずに食べられます。

《防災クッキング……❼「発酵食」を活かす》

味噌、甘酒、塩麹など、健康志向の人の間で人気の「発酵食品」。おいしく栄養たっぷりで、免疫力のアップや整腸、疲労回復などに効くとされます。災害時こそ、発酵食品を活かして乗り切りましょう。

かつおぶし、味噌、乾燥ワカメにお湯を注げば即席味噌汁にも。

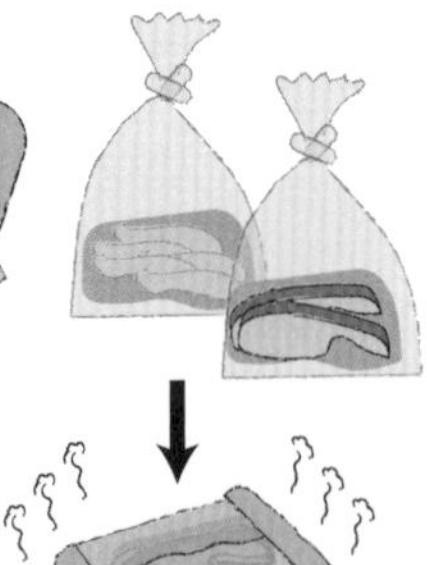

日本の代表的発酵食品「味噌」。疲れたとき、寒いときなどの味噌汁はホッとできるし、具だくさんにすれば十分なおかずになります。肉や魚を味噌に漬ければ保存性が高まり、ホイルに包んで焼けば皿やフライパンを汚さない一品になります。

災害時は疲れて食欲が落ちたりしますが、そんなときには「甘酒」が効きます。常温保管できる缶やパック入りが手軽ですが、より滋養を求めるなら自家製がお勧めです。少し冷ましたおかゆに市販の米麹を混ぜ、魔法瓶で７～８時間ほど置くだけで甘酒は簡単に作れます。好みの濃さに水かお湯で割っていただきましょう。

防災メモ　甘酒は「飲む点滴」と称され、身体によいミネラル成分をバランスよく含むので、被災時にもお勧めです。

《防災クッキング……❽災害時こそ「スイーツ」を》

災害時は不安や疲労などでストレスがたまりがちですが、甘いものを食べることでホッとひと息つけます。子供もきっと、疲労や不安がたまっているはず。備蓄品を利用して、手軽なスイーツを作ってみましょう!

ホットケーキミックスは、牛乳（なければ水）や卵を混ぜ、アルミカップなどに入れて蒸しパンに。具を入れれば軽食にもなります。薄く溶いてフライパンで焼けばクレープ。ジャムやチョコなどを巻いていただきます。

寒い時期なら、ゆで小豆の缶詰と餅、または白玉団子で即席のお汁粉に!

粉寒天があれば、フルーツ缶などを混ぜて冷たいデザートも作れます。ゼラチンは冷蔵しないと固まりませんが、寒天は常温で固まるので、冷蔵庫の使用も少しで済みます。

ワンポイント・アドバイス

「洗い物」に関する工夫

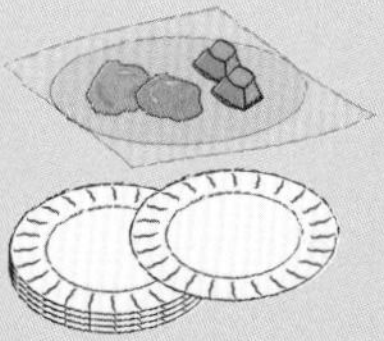

お皿はラップやホイルを敷くか紙皿を使うなど、使い捨ての活用が衛生的です。

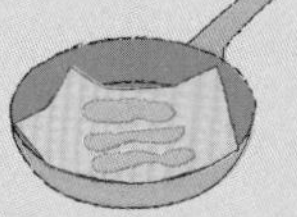

フライパンにはクッキングシートを!

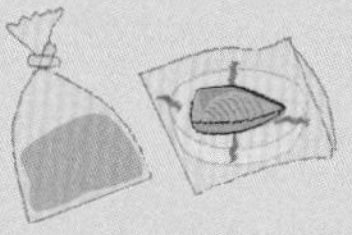

材料を混ぜるのはポリ袋で。お皿に被せても使えます。

断水や停電で水や給湯器が使えないとき、洗い物は最低限に済ませたいもの。

まずは、洗い物を少なくする工夫が必要です。材料のカットは、なるべくキッチンバサミを使い、まな板洗いの水と手間を減らします。また、切り開いた牛乳パックをまな板の代わりにして使い捨てで利用するのもいいでしょう。

調理する際、フライパンには市販のフライパン用シートやクッキングシートを敷いておくと油汚れが少なくなります。また、お鍋でご飯を炊くとこびりつきやすいですが、鍋底に少量の水を入れてその上にクッキングシートを敷くか、テフロン加工のもの（フライパンでもご飯は炊けます）を使うだけでずっと洗いやすくなります。

皿も食品用ラップフィルムを敷いて利用します。ホイル焼きなどお皿を汚しにくい料理方法にするのもいいでしょう。

料理の際に湯せんや茹で物で使ったお湯は捨ててしまわず、洗い物に使いましょう。とくにパスタの茹で汁は、溶け出したでんぷん分が油汚れを乳化させてきれいに落としてくれるという意外な効果があるのです。

防災メモ　牛乳パックは食器としても使えますし、焚き付けの燃料にもなるのでストックしておくと便利です。

自宅をDIYで応急修理する①雨漏り対策

専門家に教わる「ブルーシートの安全確実な張り方」

避難生活がある程度落ち着いたら、自宅の損傷状況を確認してみましょう。屋根が損傷したり壁に亀裂が入っていると雨漏りするだけでなく、それが原因でカビや腐れが発生します。カビは人間の健康に想像以上のダメージを与えますし、腐れは家の強度を著しく損ないます。ところが、自宅が損傷していた場合でも、すぐに業者に修理してもらうことは難しいのが実情です。とくに屋根の修理は職人が圧倒的に不足していて、私が暮らす地域でも数年待ちは当たり前。1年近く経った現在でも、多くの家が未修復状態です。そこで、ここでは「逃げなくてもいい家」の本格的な修理までの対処法として、自分でできる応急処置の方法を紹介します。

建物の応急処置で最優先したいのは、やっぱり「雨漏り」です。私たちが体験した台風被害でも、多くの家に雨漏りのトラブルが発生しました。そんな状態では、せっかく食料や生活用品などの備蓄をしていても満足に暮らすことができません。そこで、近所の人同士が協力してブルーシートで雨漏りを修復しました。応急的ではありますが、雨漏りが直った家族の皆さんは涙ながらに喜んでいました。

シート張りの実践的な方法は、長年、災害時の雨漏り対策をボランティアで行ってきたNPO法人・災害救援レスキューアシストの中島武志さんに聞いてみました。

まず中島さんが勧めるのは、**室内からシートを張る安全最優先の方法**です。室内の床や家具を守るために天井付近にブルーシートを張るだけなので、一番手っ取り早い方法でしょう。しかし、これだけだと前述のカビや腐れの発生は防げません。そこで、屋根に上らない次善の策として、地上からシートを掛けてマイカ線で張る方法もあります。

そして現在、中島さんが多用しているのが139ページの「ストッパー方式」と呼ばれる方法。シートが強風であおられにくく、耐久性にも優れたスタイルです。ただし、この方法は屋根に上っての高所作業になるため、プロの業者や中島さんのような慣れたボランティア団体にお願いするのが基本です。それでもなかなか業者が来てくれない場合、1階建ての屋根勾配が緩い建物に限定して**「安全第一」を鉄則**として作業してください。2階建てになると一気に危険度が高まるので、素人は絶対に屋根に上らないようにしましょう。

防災メモ　雨や雪、風の強いときなどに高所に上がるのは危険です。また、作業は必ず2人以上で行いましょう。

DIYでできる雨漏り対策……❶室内の床や家具を守る

一番簡単な雨漏り対策が、室内の天井付近にブルーシートを張る方法です。鴨居や柱、壁などにヒートン金具をねじ込み、そこにシートのハトメを引っ掛けます。作業のポイントは、シートに溜まった水が一定方向に流れるように少し傾斜をつけること。水が流れる先には、バケツなどを置きます。

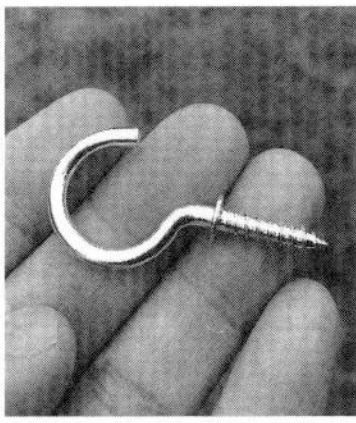

DIYでできる雨漏り対策……❷地上からシートを張る方法

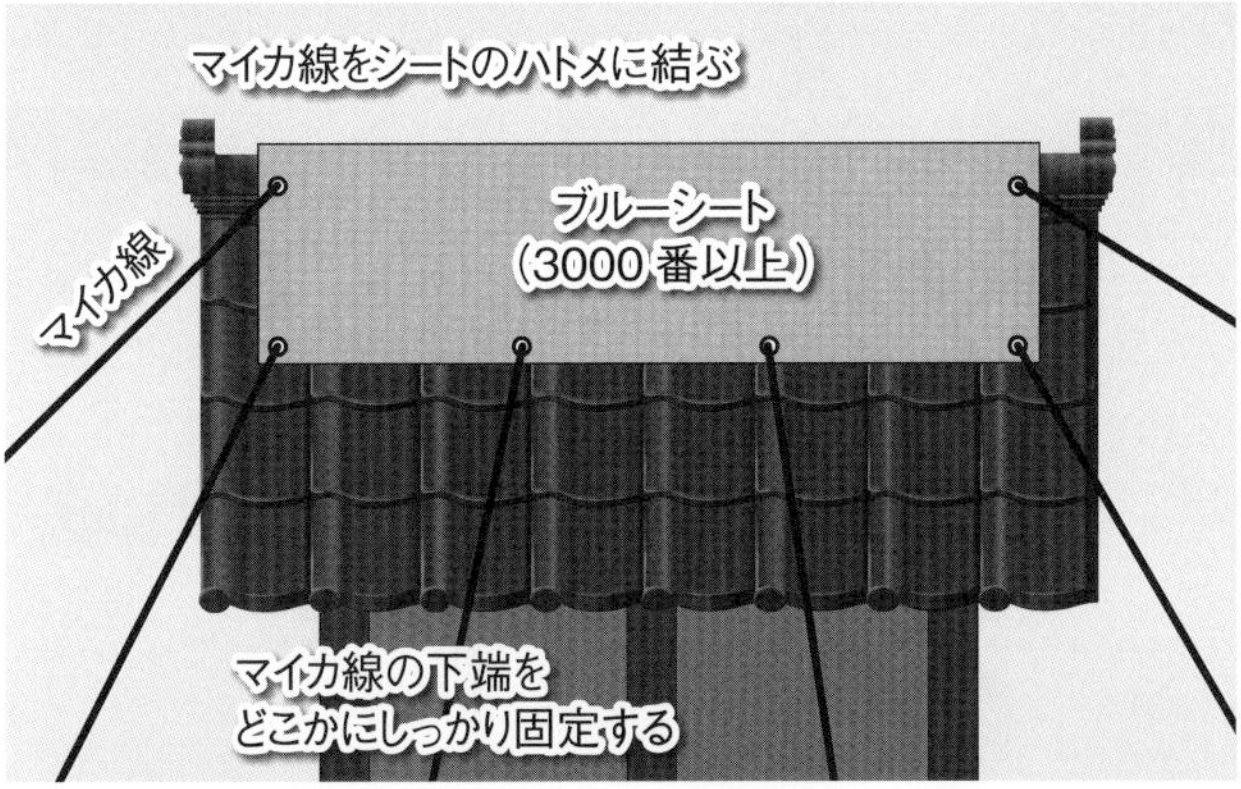
マイカ線をシートのハトメに結ぶ
マイカ線
ブルーシート
(3000番以上)
マイカ線の下端を
どこかにしっかり固定する

ブルーシートを地上から屋根に張る場合は、シートのハトメにマイカ線を結び、マイカ線の反対側にテニスボールなどを粘着テープでしっかり貼り付けて屋根の向こう側に放り投げます。釣り竿と釣り糸を使う人もいます。マイカ線が屋根の上を通ったら、ゆっくりシートを引っ張り上げて屋根の損傷部分を覆い、マイカ線を各方向から地上や建物の壁などにしっかり固定します。

PRO-ACT
ブルーシート
#3000
5.4m×5.4m

【シートの選び方】

ブルーシートの厚みは3000番以上が基本で、4000番のUV対応タイプ（シルバーシート）が理想。なお、シートのサイズは表示のサイズよりも若干小さくなるので、やや大きめを使用するのが無難です。

マイカ線

【固定用のヒモ】

ナイロンロープやトラロープなどは紫外線で劣化しやすいのでNG。中島さんのお勧めは、ビニールハウスなどに使われる農業用の「マイカ線」。両サイドのそれぞれに芯が入っているタイプが強度が高い。

 防災メモ 瓦の破損は8～9割が屋根の頂点＝棟付近なので、その周辺の修理が多くなります。

《ハシゴを安全、かつ完璧に固定する裏ワザ》

【荷締ベルトでガッチリ固定する】

ハシゴの角度は 75 度で掛けるのが基本。ハシゴがぐらつかないように固定しますが、一番簡単なのは「荷締ベルト」を使う方法です。ハシゴの両側にベルトを掛け、ベルトの反対側をしっかり固定します。

【ハシゴの選び方】

ハシゴは屋根の軒高より1m以上長いもの(写真左)を選びます。それより低いと屋根から下りるときに手でつかめるところがなくて非常に危険です。脚立を伸ばして使う場合、裏表を間違えないようにしましょう。

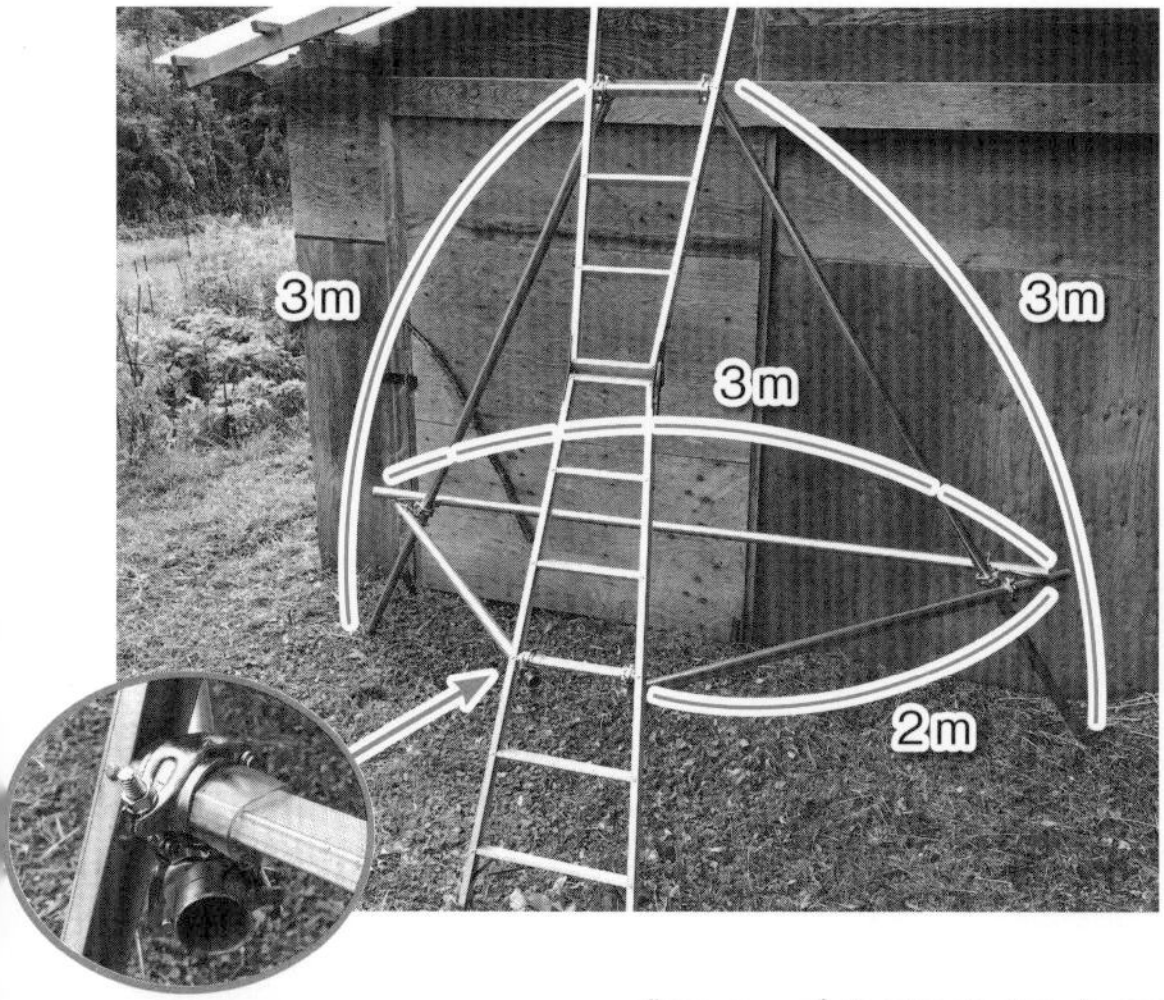

【単管パイプで固定するワザ】

特許レベルの固定方法がコレ。ホームセンターで買える単管とハシゴを三角錐状に組み合わせることで、ビクともしない状態になります。左写真のように自在クランプでハシゴのステップと単管を直接固定する方法のほか、下のように細い鋼管をハシゴのステップ内に通して単管とボルト留めする方法もあります。

《ハシゴを安全に上る方法》

片手にものを持ってハシゴを上るのは危険です。小さな材料や工具などは腰袋などに入れ、大きなシートなどは屋根の上からロープで持ち上げます。

ハシゴは、必ずステップを握りながら上ります。右写真のように両サイドを握ると、万一、足を踏み外したときに手も滑って落下を止めるのが難しくなります。

防災メモ　単管を自在クランプで固定する場合、太いビニールホースを裂いてクッションにするとベターです。

《屋根に上るときは「バディスタイル」で!》

本来は、屋根の上に親綱を張って作業しますが、素人作業でザイルを張るとかえって危険です。シンプルで動きやすいのは、2人ひと組で屋根の左右でザイルをつなぐ「バディスタイル」。お互いに着用したハーネスのカラビナに、ザイルを8の字結びでつなぎ、さらに細いザイルをリング状にした「プルージック」をカラビナに掛けて安全を2重に確保します。

《そろえておきたい安全装備》

ヘルメットは内部に防護クッションが入ったタイプを。ツバが透明なものが視界がよくてお勧めです。

靴は地下足袋もいいですが、夏は暑いのでハイパーブイシューズが中島さんのお気に入りとのこと。

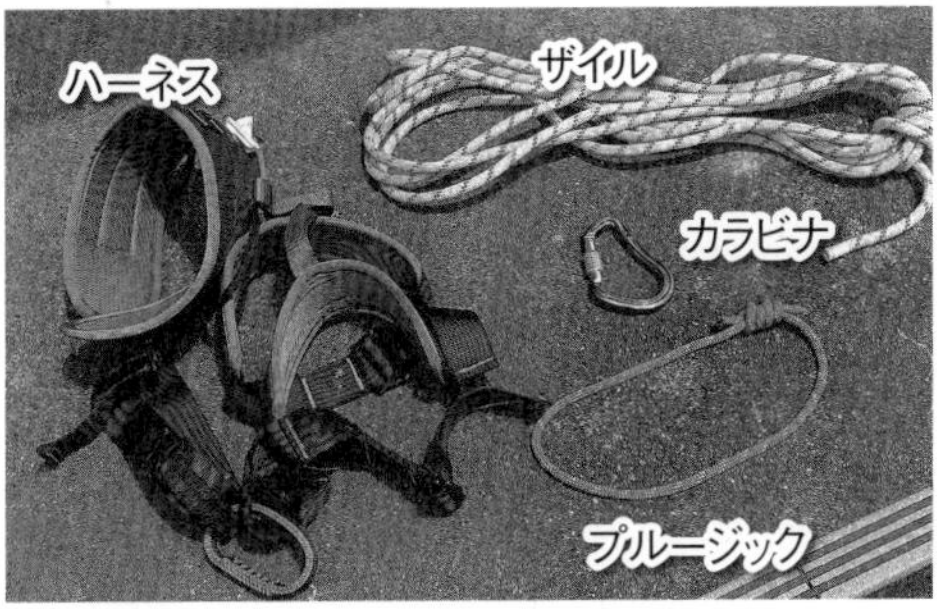

これが屋根に上るときの4点セット。ハーネスはホームセンターでも売っていますが、中島さんは登山用を愛用。ザイル（10㎜径）やカラビナも登山用です。プルージックはザイルを流用して自作していますが、市販品もあります。

《安全を確保するためのロープワーク》

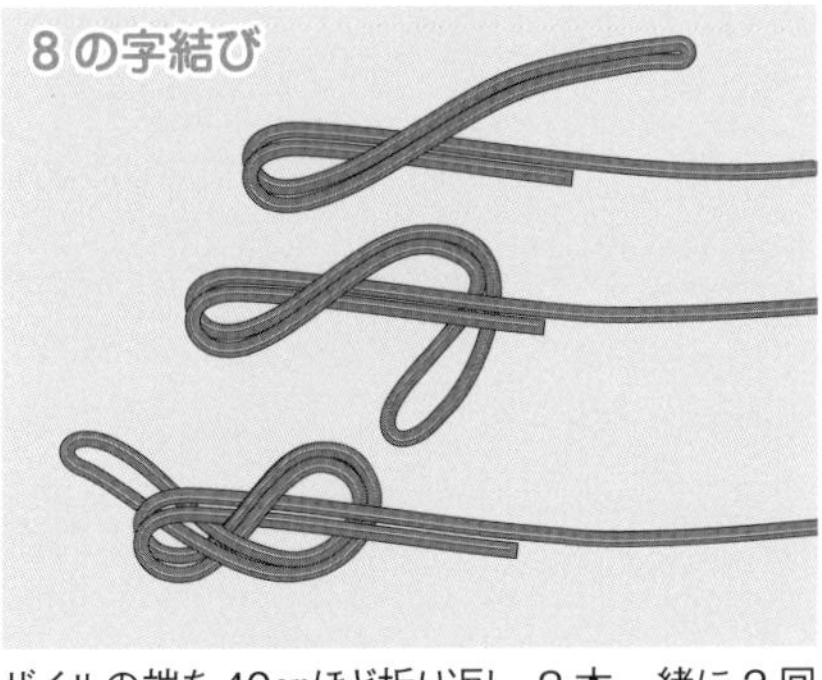

ザイルの端を40㎝ほど折り返し、2本一緒に2回ひねる。できた輪の中に先端を抜き通して引っ張れば完成。先端の輪をカラビナに確実に掛けます。

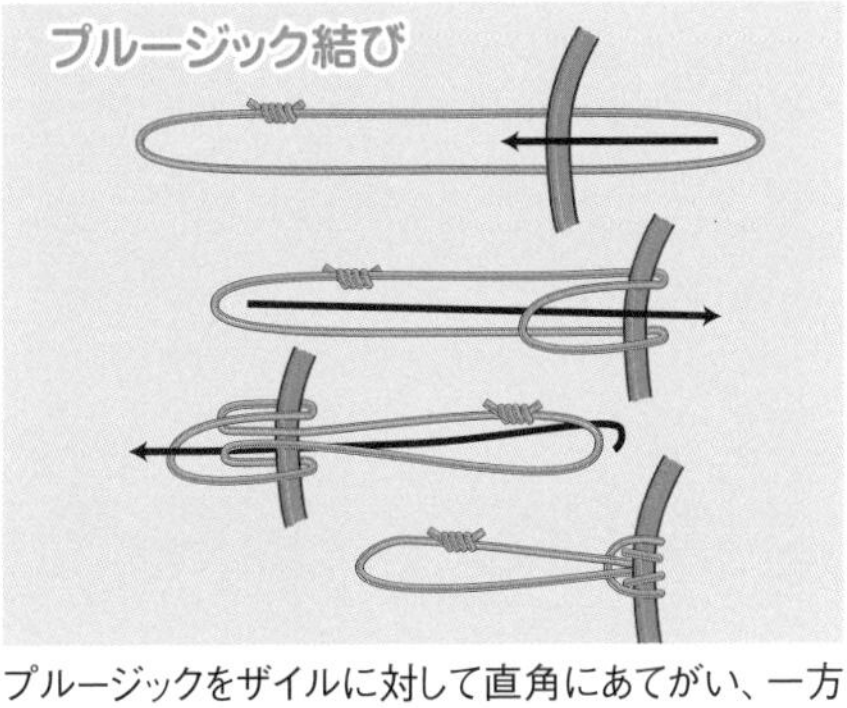

プルージックをザイルに対して直角にあてがい、一方の輪を反対側の輪の中に2回通して引っ張る。プルージックの輪もカラビナに掛けます。

 防災メモ プルージックをザイルに絡めた部分を握って動かすことで、バディ間の距離を自在に調整できます。

DIYでできる雨漏り対策……❸アシスト瓦方式

アシスト瓦をS字状の断面になるように少し曲げ、割れた瓦の上に重なるように差し込みます。

より確実なのは、段ボール紙をブルーシートでサンドイッチして防水テープで補強した「アシスト瓦」。

瓦の一部が割れたり損傷しているだけの場合は、その部分だけを防水テープで補修できます。

アシスト瓦の代わりに、アスファルト・ルーフィング（59ページ）や厚手のビニールなどでも応急修理が可能です。

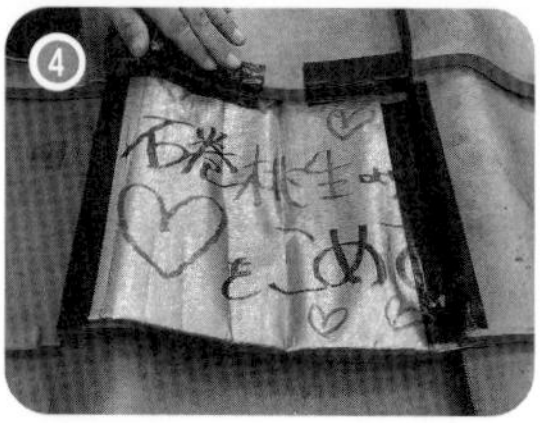

両側と上辺を防水テープでしっかり留めます。瓦の中央に雨水が流れるので、そこだけテープを貼らないようにします。

DIYでできる雨漏り対策……❹ポケットシート方式

左ページのストッパー方式よりも耐久性は多少落ちますが、1/3ぐらいの労力で作業できるのが、中島さんが考案した「ポケット付きシート」。ポケットの中に土のう袋を入れることで、シートのばたつきを簡単に抑えられます。土のう袋には、水を充填しても使えるそうです。この画期的なシートは、いずれ萩原工業㈱から販売されるとのこと。期待度大です！

ワンポイント・アドバイス

講習会に参加してみる

中島さんが代表を務めるNPO法人・災害救援レスキューアシスト（https://rescue-assist.net/）では、本項で紹介しているシート張りの技術を自衛隊員や消防隊員などにも指導しています。私たち一般人が参加できる講習会も定期的に開催しているので、ぜひ、ウェブサイトをチェックしてみましょう！

私も講習会に参加しましたが、ハウツーだけでなく安全への気配りなども参考になりました。

防災メモ　防水テープは、35ページで紹介した「エースクロス011」がお勧めです。

DIYでできる雨漏り対策……❺ストッパー方式

ブルーシートの両辺に「胴縁」と呼ばれる細い板を巻き込んで防水テープで留めます。これを地上で作っておくと屋根の上でシートがばたつかず、安全に作業できます。シートの張り具合は、胴縁部分を折り込むことで調整できます。

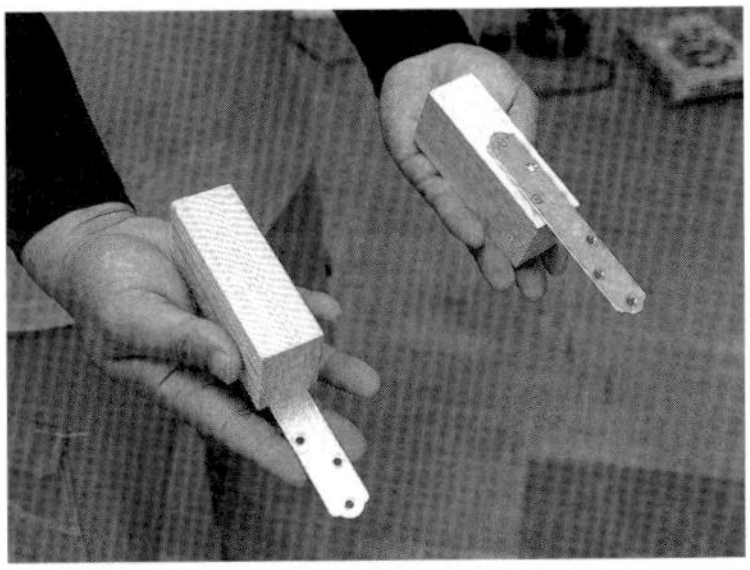

一番確実なシート張りの方法が「ストッパー」を使う方法。ストッパーの作り方は、35㎜角の角材を長さ10㎝に切り、ホームセンターで買える一文字金具をクギ留めするだけです。

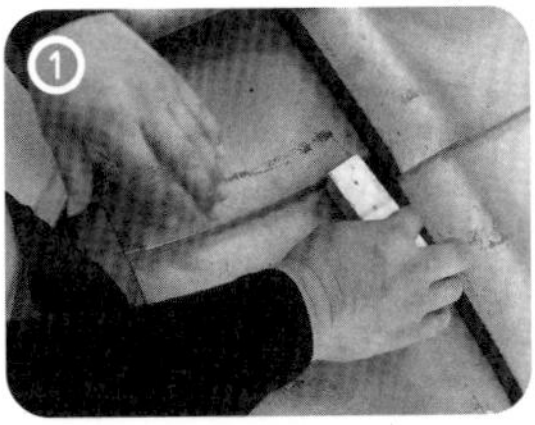

①
瓦の右端にストッパーを差し込みます。緩い場合は、金具を少し曲げるとうまく固定できます。

②
シートを掛ける下辺側にある瓦の1個おきに、ストッパーを確実に取り付けていきます。

③
瓦のホコリを拭き、ストッパーに防水テープを貼って確実に固定。屋根の反対側も同様にします。

④
すべてのストッパーを連結するように新たな胴縁を上に置いて、38㎜のネジでしっかり留めます。

⑤
屋根の棟を覆うようにシートを被せ、❹の胴縁とシートにセットした胴縁を重ね合わせます。

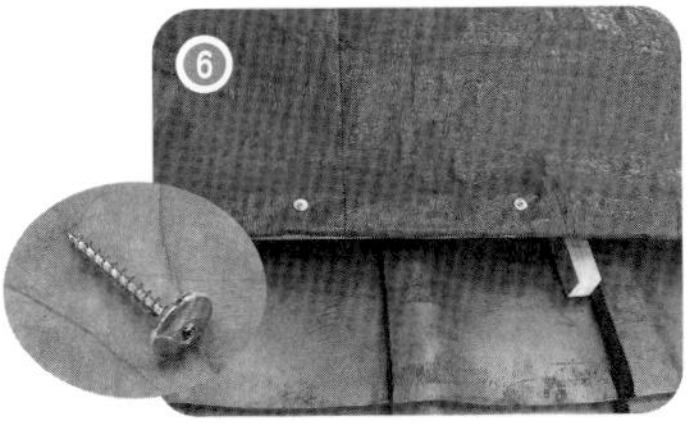

⑥
ワッシャーを通したネジで胴縁同士を留めます。ワッシャーがあることでシートが破れません。

⑦
屋根の反対側も同様にしたら、胴縁側面にネジを取り付け、マイカ線をジグザグに引っ掛けます。

⑧
この状態でさらにネジを締め込むことで、マイカ線の張りが強くなってシートがばたつきません。

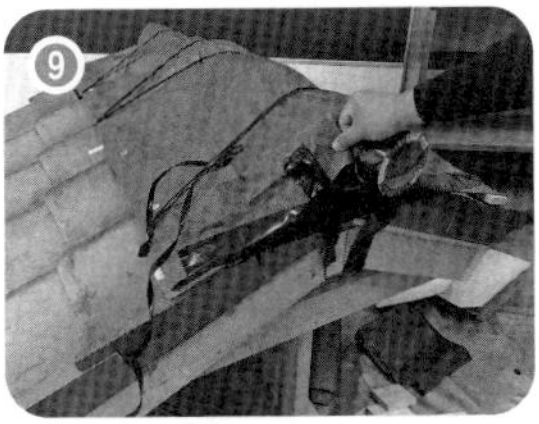

⑨
シートの側面も防水テープでしっかり留めて、風が入り込んでばたつくことを防ぎます。

防災メモ シートを土のう袋で押さえるだけの方法は、工夫しないとシートが風であおられて破れることが多いそうです。

自宅をDIYで応急修理する②壁や窓、浸水対処

本格的な修理までの間、暮らせる環境を整える

窓やドアの修理

大型の台風では、窓ガラスが割れたりドアが破損するケースも少なくないので、室内に吹き込む風雨を防ぐために早急の応急処置が必要です。とりあえず段ボール紙かブルーシートなどを建具枠のサイズにカットし、防水テープでしっかり貼り付けるのが一番早いでしょう。ホームセンターで4㎜厚の合板を購入できれば、それをテープで留めるとより安心です。ただし、いずれの場合も日中の室内が暗くなって想像以上のストレスがたまります。やはり、35ページで解説したように、建具の損傷を防ぐための準備をあらかじめしておくのがベストです。繰り返しますが、災害に対しては準備しすぎるぐらいが、文字通りの「防災」になるのだと思います。

壁のヒビ割れ

地震や台風では壁にヒビが入ることもあります。とくに、ヒビが発生しやすいのは、窓枠の周囲やサイディング壁の継ぎ目、モルタル壁の中心など。いずれも、髪の毛ぐらい幅の微細なヒビならそれほど緊急ではありませんが、それ以上の幅があるヒビは建物の構造部にもダメージを受けている恐れがあります。そのまま放置しておくと、じわじわと雨水が浸入してカビが発生する原因にもなりますので、取り急ぎ、ヒビの部分にコーキングを施して応急処置します。その後、避難生活が落ち着いてから、業者に構造部分のダメージをチェックしてもらいましょう。

浸水時の対処と消毒

台風や大雨に伴う水害で家が浸水した場合も、できるだけ早い処置が大切です。そのままの状態で放置しておくと家が傷むだけでなく、浸水で流れてきた下水などの病原菌から感染症に罹る恐れもあります。浸水後に水が引いてきたら、できるだけ早く「清掃、乾燥、消毒」をするのが基本です。浸水箇所の泥や汚れを洗い流してよく乾燥させ、消毒液を散布することで病原菌や虫の発生を防ぎます。

なお、浸水被害があった場合は行政に相談してみましょう。対応のための費用を助成してくれる場合があります。

防災メモ　どんな修理でも、最終的にはプロの業者にチェック、再修理してもらうのが確実です。

開口部の修理

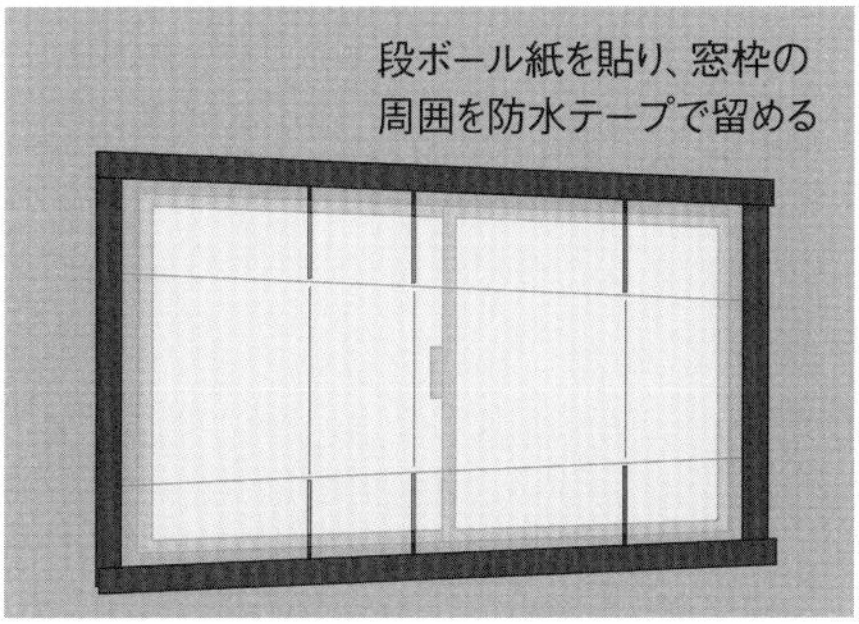
段ボール紙を貼り、窓枠の
周囲を防水テープで留める

【窓の応急修理】

窓の修理に使う材料をホームセンターで買う余裕がない場合は、取り急ぎ段ボール紙を防水テープ（35ページ）で留めるだけでもOKです。その後、ブルーシートか合板などを重ねて張れば、より安心です。

【ドアの応急修理】

台風や地震で、意外と多いトラブルがドアの破損。たとえば、猛烈な台風でドアが開いてしまうと、蝶番などはすぐに壊れてしまいます。破損した蝶番の修理は難しいので、同サイズのものと交換します。

壁のヒビ割れの補修

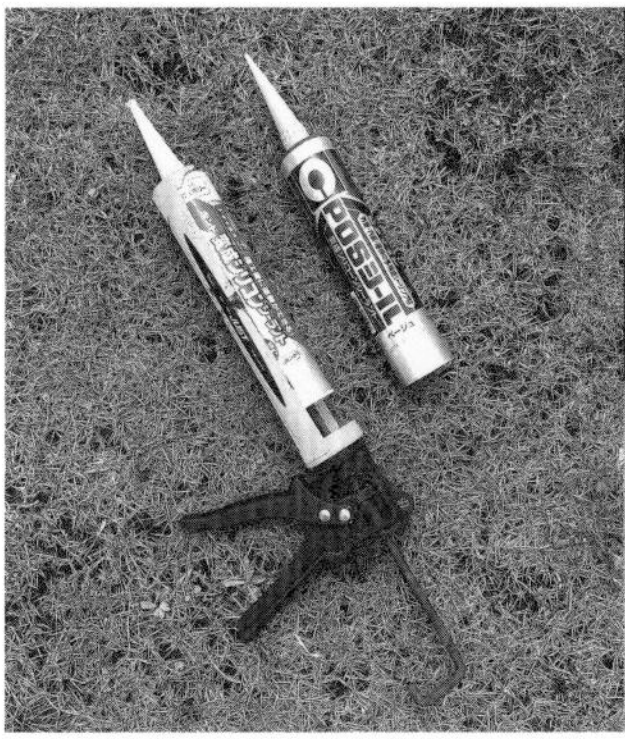

壁にヒビが入った場合、雨水の浸入を防ぐために修理しておきましょう。応急的には窓と同様に段ボールと防水テープでヒビを覆うようにふさいでもいいですが、できればコーキングしておくのが確実です。方法は、専用のガンを使ってコーキング材をヒビに埋め込むだけと簡単です。コーキング材は「変成シリコン系」や「ウレタン系」を使うと、上から塗装も可能です。

ワンポイント・アドバイス

修理前に必ず写真の撮影を！

自宅の修理や浸水の対処を行う場合は、作業前の写真を必ず撮っておきましょう。これが、のちに罹災証明を発行してもらい、保険金を請求する際の重要な資料となります。デジカメで撮る場合は日付入りで、できるだけ多くの枚数を撮っておきます。浸水の場合は、どこまで水位が上がったかがわかる写真も必要です。

写真はいろいろな角度と距離から、自分が必要だと思う３倍以上の枚数を撮っておきましょう。

防災メモ　コーキング材は濡れた壁には接着しないので、作業は壁が完全に乾いた状態で行いましょう。

浸水時の対処

浸水時に大切なのが「すみやかな清掃・乾燥」。のちに消毒をしても、泥や汚れの落とし方が不十分だと効果を得られません。床下は点検口からチェックし、汚れがあれば水とブラシで洗い流したり、ぞうきんで水拭きします。その後、扇風機などで風を強制的に送り込んで徹底的に乾燥させます。なお、作業時（とくに消毒時）は長袖・長ズボン、マスク、ゴーグル、ゴム手袋などをして、できるだけ肌の露出を避けます。水分補給やうがい、手洗いもまめにしましょう。

【床下の消毒方法】

床下の消毒は「塩化ベンザルコニウム」を100倍程度に水で薄め、霧吹きや噴霧器などで吹き付けます。室内の床や壁などのカビ防止には、消毒用のエタノール80%液をスプレーするのも効果的です。

【「高圧洗浄機」が効率的】

浸水範囲が広い場合は「高圧洗浄機」や「排水ポンプ」が効率的で、先の台風時にも大活躍したそうです。それでも個人では手に負えない状況なら、社会福祉協議会にボランティアを要請しましょう！

ワンポイント・アドバイス

風呂場やトイレの逆流を防ぐ

台風や大雨で急激に水位が増えると、下水が逆流して自宅のトイレや風呂場、洗濯機の排水口から水が噴き出ることがあります。これを防ぐためには、ビニール袋に水を入れた簡易的な「水のう」を各排水口に置くのが効果的です。この水のうは、段ボール箱に入れることで浸水の防御用にも使えます（37ページ）。

40～45ℓのゴミ袋を2枚重ねて水を入れ、口を縛ってから排水口に置きます。

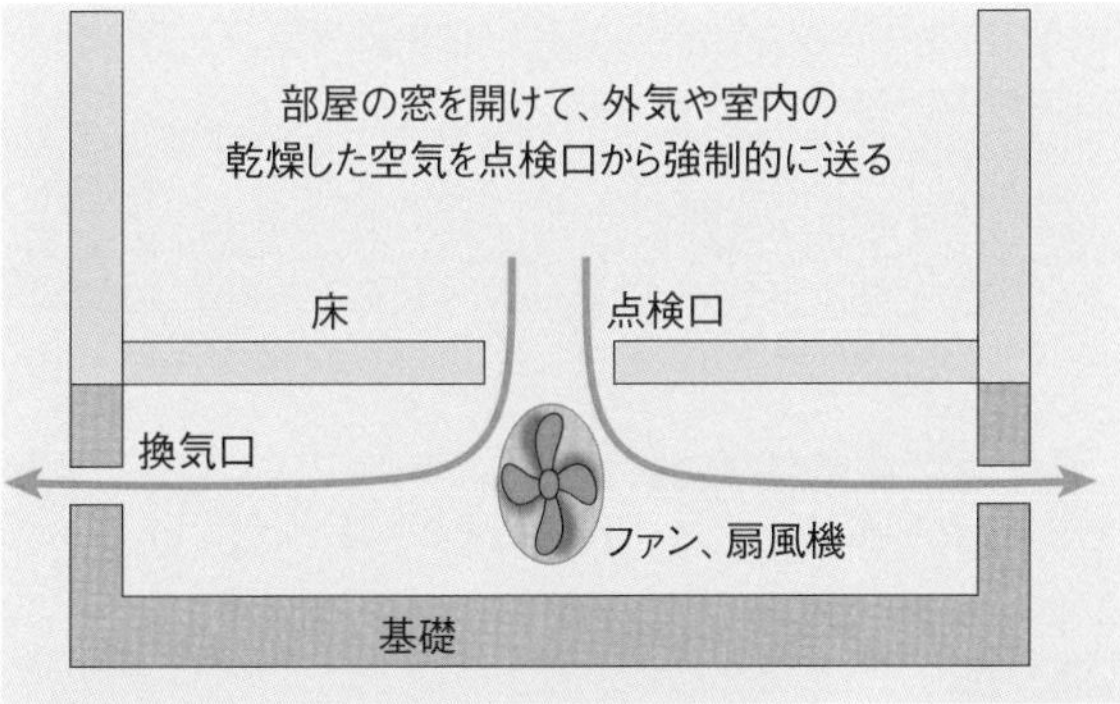
部屋の窓を開けて、外気や室内の
乾燥した空気を点検口から強制的に送る
床
点検口
換気口
ファン、扇風機
基礎

【床下乾燥の方法】

床下を乾燥させるには強力な送風ファンを24時間運転させるのが、過去の被災地でもよく採用された方法です。ファンがなければ、扇風機を複数台使います。床下が狭い場所は、ダクトを利用するといいでしょう。ただし、浸水してしまった畳やボード類、繊維系断熱材などは、どうしてもカビが発生しやすいので交換するのが基本です。床用のボード系断熱材は、よく洗って再利用できます。

【室内のカビ対策】

室内のカビ防止には、次亜塩素酸ナトリウムや消毒用エタノール80%液を噴霧するのが効果的です。被災時に行政が配布する「消石灰」は、健康に害を及ぼすリスクがあるので避けたほうが無難です。

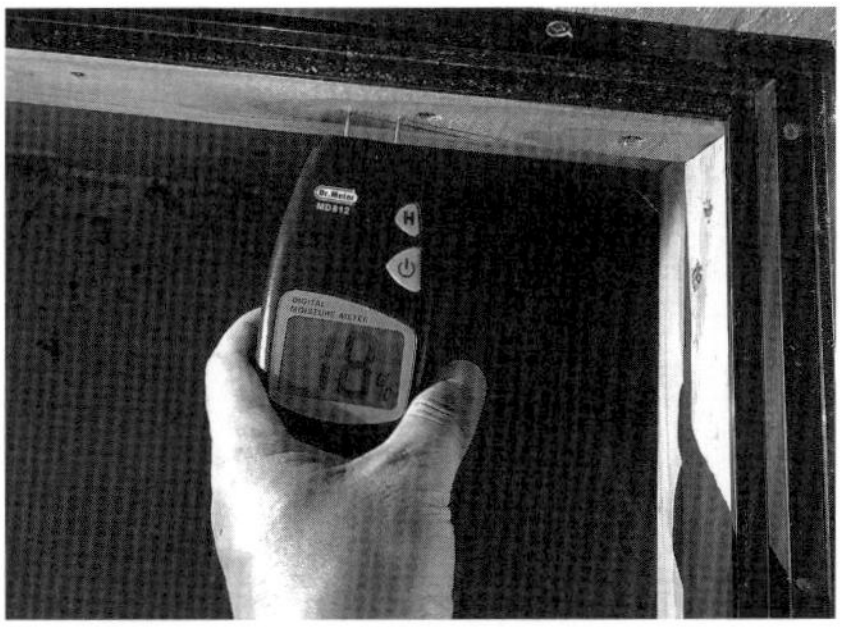

【木部もしっかり乾燥させる】

木材は水濡れに弱く、放置しておくと腐食による強度の低下の恐れがあります。木部の含水率が20%以下になるまで乾燥させましょう。水分計測器は、通販で2,000円ほどで購入できます。

ワンポイント・アドバイス

「罹災証明書」の発行手続き

地震や台風などで自宅が被害に遭った場合、保険金を請求したり、さまざまな支援制度を利用するためには「罹災（りさい）証明書」が必要となります。これは、「全壊」「半壊」「一部損壊」などのように被害の程度を認定・証明する書類です。

発行の手続きは、管轄役所の窓口で申請書をもらうかウェブサイトからダウンロードして必要事項を書き入れ、被害状況がわかる証拠写真（141ページ）とともに窓口に提出。後日、調査員が現場で罹災を認めると証明書が発行される流れです。

被災住宅相談会場
罹災証明相談窓口

罹災証明書は保険金や支援金の受け取りに必要なので、管轄の役所で相談しましょう。

このとき自分の思い込みで罹災の程度を判断しないこと。たとえば建物を一部損壊で申請してしまうと、実際は半壊だったとしても受け取れる保険金額が違ってきてしまいますので注意しましょう。

防災メモ 「床下浸水」では火災保険が適用されないケースがあるので、保険の契約内容を確認しておきましょう。

被災体験で分かった！　2週間の自宅避難を乗り切る技術

避難所に行かない防災の教科書

2020年8月28日　初版第1刷発行
2024年6月10日　　　第6刷発行

著者　西野弘章
発行人　小池英彦
発行所　株式会社扶桑社
〒105-8070 東京都港区海岸1-2-20 汐留ビルディング
☎ 03-5843-8583（編集）
☎ 03-5843-8143（メールセンター）
www.fusosha.co.jp
印刷・製本　大日本印刷株式会社

企画編集・本文デザイン・DTP・写真＝西野編集工房
表紙・カバーデザイン＝武田康裕（STUDIO DAYS）
カバーイラスト＝ユキマル
本文イラスト＝西野美和
校正＝五十嵐柳子
編集＝川添大輔

協力＝佐藤博士、斎藤健一郎、中島武志、国領義数、鈴木拓人、渡邊恵、廣田賢司、川名一美、神向寺信二、竹内みづ穂、山口恵花、栗田宏武、宮下二郎、平嶌一良、胤森なお子、鍋田ゆかり
特定非営利活動法人災害救援レスキューアシスト

参考文献

『東京防災』東京都総務局総合防災部防災管理課・編、東京都・刊
『家具類の転倒・落下・移動防止対策ハンドブック』東京消防庁・刊
『レスキューナースが教えるプチプラ防災』辻直美・著、扶桑社・刊
『水害にあったときに』震災がつなぐ全国ネットワーク・編

西野弘章（にしの ひろあき）

1963年、千葉県生まれ。「自分で作れるものは何でも作る」がモットーのエディター兼ライター。

新聞社、出版社などに勤務したのち、フリー編集者として独立し、「自給自足生活」を目指して千葉県・房総半島へ家族とともに移住。耐震＆耐風仕様の自宅を含めて、これまでに大小10棟の建物をセルフビルドしてきた。

その房総半島で2019年9月、観測史上最大級の超大型台風に遭遇。自宅は無事だったものの、地域の復興がなかなか進まない現実を目の当たりにしたことで、「災害から家族を守ってくれる家」「逃げなくてもいい家」の重要性を痛感する。

●宅地建物取引士、第二種電気工事士、DIYアドバイザー

●著書・監修本／
『小屋大全』『DIY工具50の極意』『自分でわが家を作る本』（山と溪谷社）ほか、釣り関係の著書も多数

●ウェブサイト／
西野弘章 DIY＆セルフビルド
オフィシャルサイト『小屋大全』
https://koyataizen.com/

ISBN978-4-594-08557-5